1小时读懂世界

AN HOUR

[英] Joel Levy 乔尔·利维 著
朱辉 译

机械工业出版社
CHINA MACHINE PRESS

宇宙到底有多大？太阳和地球是如何形成的？世界上最长的河流和最大的湖泊都在哪？哪种动物跑得最快？我们的人体是如何工作的？世界七大奇迹都有哪些？……这些问题的答案都可以在这本《1小时读懂世界》中找到。本书通过大量数据，用生动有趣的语言，向读者讲解了宇宙、太阳系、地球、生物、人体、人类文明，以及生活中各种有用的小知识。打开本书，跟着我们一起开启知识之旅吧！

Conceived and produced by Elwin Street Productions Limited
Copyright Elwin Street Productions Limited 2019
14 Clerkenwell Green
London EC1R 0DP
www.elwinstreet.com

北京市版权局著作权合同登记　图字：01-2020-0393号。

图书在版编目（CIP）数据

1小时读懂世界 /（英）乔尔·利维（Joel Levy）著；朱辉译. — 北京：机械工业出版社，2020.6（2024.1重印）

书名原文：Universe In Your Pocket

ISBN 978-7-111-65717-0

Ⅰ. ①1… Ⅱ. ①乔… ②朱… Ⅲ. ①科学知识－普及读物 Ⅳ. ①Z228

中国版本图书馆CIP数据核字（2020）第090140号

机械工业出版社（北京市百万庄大街22号　邮政编码100037）
策划编辑：蔡　浩　　　　　　责任编辑：蔡　浩
责任校对：王丽静　张　薇　　责任印制：孙　炜
北京利丰雅高长城印刷有限公司印刷

2024年1月第1版第5次印刷
130mm×184mm·4.75印张·2插页·109千字
标准书号：ISBN 978-7-111-65717-0
定价：49.00元

电话服务	网络服务
客服电话：010-88361066	机　工　官　网：www.cmpbook.com
010-88379833	机　工　官　博：weibo.com/cmp1952
010-68326294	金　书　网：www.golden-book.com
封底无防伪标均为盗版	机工教育服务网：www.cmpedu.com

目录

5 宇宙
宇宙有多大？...6 / 宇宙大爆炸...7 / 宇宙中最古老的光...8 / 系外行星...10 / 星系...11 / 最近的恒星...13 / 恒星的演化...13 / 星座...14

21 太阳系
太阳...23 / 月球...24 / 彗星...25 / 行星...27 / 太空任务...35 / 人造卫星...38 / 带给外星人的消息...39

41 地球
有关地球的重要数据...42 / 地球的组成...44 / 地质年代表...46 / 大气层...47 / 臭氧层空洞...50 / 极点...51 / 经度和纬度...51 / 时区...53 / 气候带...56 / 风和气候...57 / 地球板块构造理论...58 / 火山...60 / 地震...62 / 山峰...62 / 撞击坑（陨石坑）...64 / 我们的生物圈...65 / 海洋...67 / 河流、湖泊和瀑布...70 / 可能的世界末日场景...71

75　生　物

生物的分类 ... 76 / 最大的生物 ... 77 / 最古老的生物 ... 78 / 植物之最 ... 78 / 动物之最 ... 80 / 危险的动物 ... 82

85　人　体

神奇的人体 ... 86 / DNA 和人类基因组 ... 91 / 人类基因组计划 ... 93 / 克隆 ... 93 / 人体内的骨骼 ... 94 / 人类的大脑 ... 96 / 超级感官 ... 97 / 人类死亡的主要原因 ... 100

101　人类文明

伟大的工程成就 ... 102 / 世界上最大的水坝 ... 102 / 世界上最长的大桥 ... 104 / 世界上最高的建筑 ... 104 / 文明的时间轴 ... 106 / 世界七大奇迹 ... 110 / 伟大的发明 ... 113 / 速度纪录 ... 116

119　常用知识

平方根和立方根 ... 120 / 基本几何公式 ... 121 / 国际单位制 ... 122 / 温度转换 ... 124 / 度量衡 ... 126 / 酒精含量检测系统 ... 130 / 巨无霸指数 ... 132 / 各个国家的货币 ... 132 / 指南针 ... 135 / 旗语和电码 ... 137 / 无线电术语和国际信号旗的含义 ... 140 / 紧急信号 ... 143 / 表情符号 ... 144 / 国际手语 ... 145 / 罗马数字 ... 147 / 中国数字 ... 147 / 希腊数字 ... 148 / 希腊字母 ... 149 / 世界各国的新年 ... 150

宇 宙

天文学家可以通过两种不同的方法估算宇宙的年龄。第一种方法是测定最古老恒星的年龄（假设最古老的恒星的年龄与宇宙的年龄相当）；另一种方法是测量宇宙的密度，并利用它去推断宇宙的膨胀率，进而推断其年龄（类似"时间＝距离/速度"）。目前已知的最古老的一批恒星大多存在于球状星团中（球状星团是由年龄相近的恒星组成的密集恒星群），由此估算出的宇宙年龄在110亿~180亿年之间。第二种方法给出的宇宙年龄在115亿~145亿年之间。综合上述两种方法给出的结果，我们一般认为宇宙大约有138亿年的历史。

宇宙有多大？

我们测量到的宇宙的大小取决于它的密度以及由密度决定的演化状态：持续膨胀、保持稳定或者发生坍缩。如果宇宙一直膨胀下去，那么它将变得无限大。如果宇宙保持现在的稳定状态（大小不变）或者发生坍缩，那么宇宙的直径可能有1000亿光年那么大。宇宙是如此之大，以至于在测量宇宙时，我们需要使用特殊的距离单位（见下页表格）。

单位名称	物理意义	大小
天文单位	地球和太阳之间的平均距离	1.5亿千米
光年	光在真空中一年内行经的距离	9.46万亿千米
光秒	光在真空中一秒内行经的距离	300000千米
光纳秒	光在真空中一纳秒内行经的距离	30厘米
秒差距	以地球轨道半径为基线,视差⊖变化为一弧秒所对应的距离	3.26光年(30.86万亿千米)
百万秒差距	一百万秒差距对应的距离	326万光年(3086亿亿千米)

宇宙大爆炸

当前的理论认为,宇宙在诞生之初体积非常小,而密度和温度非常高。它在经历急剧膨胀后,才形成了我们今天所熟知的宇宙。下表列出了宇宙大爆炸和随后宇宙演化所经历的主要事件。

宇宙"诞生"之后的时间	主要事件	事件描述
10^{-43}秒	普朗克时期	在此期间,一般意义上的时间和空间并不存在,也没有物质和辐射
10^{-32}秒	暴胀时期	我们所熟知的宇宙大爆炸正式开始。此时的宇宙就像一碗充满了超高能辐射的"汤"

⊖ 视差是指从两个不同位置观察同一目标所产生的方向差异。从两个观察点看目标,两条视线之间的夹角叫作这两个点的视差角,两点的连线叫作基线。只要知道视差角和基线长度,就可以计算出目标与观测者之间的距离。视差角可以用弧度来度量,而1弧度=60弧分,1弧分=60弧秒。

(续)

宇宙"诞生"之后的时间	主要事件	事件描述
10^{-6} 秒	强子时期	组成物质的质子、中子在此期间形成了
100 秒	原初核合成	质子和中子形成了诸如氢、氦和锂等轻元素的原子核
38 万年	原子形成	原子核俘获电子形成氢、氦和锂等原子
2 亿年	恒星形成	引力导致气体凝聚成团块。这些团块不断增长直到它们在自身引力作用下坍缩,中心产生核聚变,形成第一批恒星
20 亿年至今	我们熟知的宇宙正式形成	恒星内部的核聚变产生了更重的元素。行星在恒星周围形成,生命开始形成和演化
下一步?	宇宙演化的尽头?	宇宙将持续膨胀并冷却。最终,恒星燃烧完所有燃料,宇宙陷入死寂

宇宙中最古老的光

2003 年 2 月,美国国家航空航天局(NASA)发布了当时最清晰的来自大爆炸余晖的照片。科学家们利用 NASA 的威尔金森微波各向异性探测器(WMAP)捕捉到了这幅全新的宇宙图像。

大爆炸之后 38 万年，宇宙开始变得透明，光子得以在宇宙间自由传播。这些光子经过 130 亿年才被我们观测到，我们通常称这些光子为宇宙微波背景辐射。在宇宙微波背景辐射图像中，有无数的微小明亮团块，描绘出了极度均匀的微小温度起伏。它们就是后来形成星系团的"种子"。目前宇宙微波背景辐射的温度只比绝对零度高 2.73℃。

这幅宇宙微波背景辐射的新"肖像"精确地将宇宙的年龄定位在 137 亿年，误差只有 1%。并且这些数据表明，宇宙中第一代恒星仅仅在大爆炸 2 亿年后就诞生了，远远早于标准模型所预言的时间。

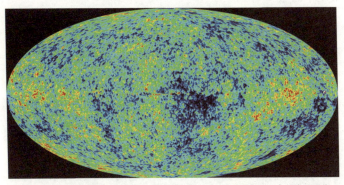

上图展示了宇宙微波背景辐射（第一批可以在宇宙间自由传播的光子）的全天图像。局部方向的温度差异以不同的颜色表示（红色代表较热，蓝色代表较冷）。图片来源：NASA／WMAP。（译者注：2009 年发射的普朗克卫星提供了目前为止最为精确和清晰的宇宙微波背景辐射图像。）

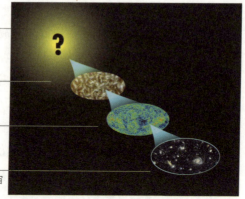

宇宙大爆炸后的微小温度起伏，形成了现在我们看到的星系。

系外行星

系外行星是围绕太阳系外的恒星运行的行星。1995年，由米歇尔·马约尔和迪迪埃·奎洛兹率领的瑞士团队发现了第一颗围绕主序星旋转的系外行星，即飞马座51 b。截至2019年，天文学家发现的系外行星总数已经超过了4000颗。

已知最古老的系外行星的年龄可能有130亿年。它正围绕天蝎座M4球状星团中的一颗双星运行。

迄今为止，天文学家发现的轨道周期最短的系外行星是SWIFT J1756.9-2508 b，它的公转周期为0.8小时。另一个接近母恒星运行的类木行星是HD 209458 b（距离我们150光年）。哈勃望远镜的观测表明，该行星由氢气组成的大气层正在以每秒10160吨的速度蒸发。

最遥远的系外行星是SWEEPS-11 / SWEEPS-04，距离我们27710光年。而目前已知的质量最小的系外行星是WD 1145+017 b，它的质量只有地球质量的0.00067倍。

星系

旋涡星系：旋臂从星系球状或棒状的中心区域旋转伸出，包含"侧向"旋涡星系、"正向"旋涡星系（取决于星系盘相对于星系与地球连线方向的夹角）和赛弗特星系（这种星系异常明亮）等。

旋涡星系的分类

椭圆星系：没有旋臂；呈圆形或者椭圆形。

不规则星系：没有固定形状。

射电星系：射电波段异常明亮的星系。这类星系气体的温度一般非常高，热辐射很明显。

类星体：极度明亮的活动星系核，形态看起来就像一颗恒星。

距离我们的银河系最近的旋涡星系是仙女星系M31。它到我们的距离约为 250 万光年，是肉眼可见的最遥远的天体之一。此外，它也是银河系外唯一肉眼可见的天体。

目前，距离地球最近的星系是大犬座矮星系，距离为 25000 光年。而距离我们最近的光学可见星系是大麦哲伦云，它的距离为 169000 光年。

我们的银河系和所有这些"邻居"都是本星系群的成员。它们正以 603 千米/秒的速度飞向大约 5400 万光年外的室女座星系团。

银河系

银河系是一个绕着银河系中心旋转的棒旋星系（旋涡星系的一种），太阳系就位于其中。银河系的中心可能存在一个质量为 430 万倍太阳质量的黑洞。它的质量是如此之大，以至于距离它足够近的光都无法脱离它的引力束缚，这使得黑洞变得不可见（这也是黑洞名字的由来）。

银河系的中心部分是一个由数亿恒星组成的核球。我们的太阳系位于猎户旋臂的边缘。这条旋臂因囊括猎户座所有的明亮恒星而得名。

银河系内恒星的数量：大约为 1000 亿~4000 亿。

银河系的直径：10 万~18 万光年。

银河系恒星盘的平均厚度：大约为 1000 光年。

银河系相对于本星系群中心的运动速度：40 千米/秒。

最近的恒星

离我们太阳系最近的恒星实际上是一个由三颗恒星组成的系统，称为半人马座α星。它由半人马座α星A、半人马座α星B和半人马座α星C（即比邻星）组成。比邻星比它的两个"姐妹"离我们稍近一些——距离地球4.22光年（40万亿千米）。半人马座α星AB距离地球4.35光年（41.2万亿千米）。而太阳则是离地球最近的恒星。

恒星的演化

所有的恒星都诞生于星云——由巨量气体云组成的恒星托儿所，这些气体云坍缩成致密云核，然后形成恒星。宇宙中的每一颗恒星都是通过这种方式形成的。

云核最终是否能形成恒星，取决于它的初始质量。如果云核质量很小，内部温度就不足以点燃核合成，云核最终会变成一个褐矮星（本质上是木星的超级放大版）。对于一个一般质量的云核，它形成的恒星将遵循与太阳相似的演化周

小知识 恒星 HD 70642（距地球 95 光年）具有与太阳系最相似的行星系统——它有一个类似木星的行星，该行星每 6 年绕母恒星运行一周（作为对比，木星的公转周期是 12 年）。这个事实表明，恒星 HD 70642 极有可能拥有一个公转轨道位于有利于生命诞生的宜居带上、类似地球的行星。

期。如果云核的质量非常大,它所形成的恒星可能最终演化成一个黑洞。

星座

星座是通过夜空中恒星之间的连线绘制的虚构图案。通过对洞穴壁画、骨骼化石和岩石上的史前星图的研究,我们

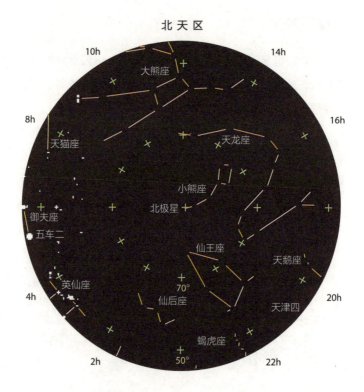

知道，今天我们看到的一些星座在冰河时代也是可以看到的。但是，夜空中我们能看到的大多数星座的名称都来自古希腊人，而不是冰河时代的人类。

1922年，国际天文学联合会（IAU）对88个主要星座的名称和边界进行了统一。部分星座的名称和形状如下面的星图所示。

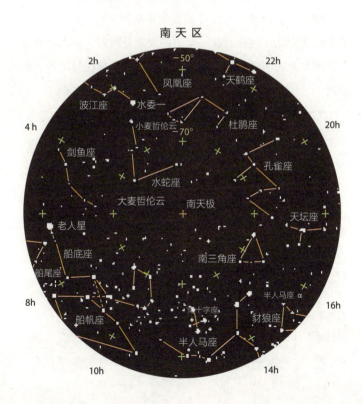

南天区

快速识别星座,除了需要反复练习外,还需要星图的帮助。最简单的识别星座的方法是使用熟悉的恒星或星座作为参考点。最著名的参考点包括北天区的北斗七星以及南天区的南十字座。

在北天区星图中,北极星位于星图的正中心。要在夜空中找到它,可以将大熊座的北斗七星作为指针,锁定北极星的位置。

在下面的表格中,我们列出了88个星座的名称以及它们所处的天区。星座在夜空中的高度不是固定的,它随着季节的变化而变化。因此,在一年中的大部分时间,一些星座可以在南北天区同时看到,而剩下的大部分只能在特定的天区看到。

星座	英文名	天区	星座	英文名	天区
仙女座	Andromeda	N	巨蟹座	Cancer	N/S
唧筒座	Antlia	S	猎犬座	Canes Venatici	N
天燕座	Apus	S	大犬座	Canis Major	N/S
宝瓶座	Aquarius	N/S	小犬座	Canis Minor	N/S
天鹰座	Aquila	N/S	摩羯座	Capricornus	N/S
天坛座	Ara	S	船底座	Carina	S
白羊座	Aries	N/S	仙后座	Cassiopeia	N
御夫座	Auriga	N	半人马座	Centaurus	N/S
牧夫座	Bootes	N	仙王座	Cepheus	N
雕具座	Caelum	S	鲸鱼座	Cetus	N/S
鹿豹座	Camelopardus	N	蝘蜓座	Chamaeleon	S

（续）

星座	英文名	天区	星座	英文名	天区
圆规座	Circinus	S	小狮座	Leo Minor	N
天鸽座	Columba	S	天兔座	Lepus	S
后发座	Coma Berenices	N	天秤座	Libra	N/S
南冕座	Corona Australis	S	豺狼座	Lupus	N/S
北冕座	Corona Borealis	N	天猫座	Lynx	N
乌鸦座	Corvus	N/S	天琴座	Lyra	N
巨爵座	Crater	N/S	山案座	Mensa	S
南十字座	Crux	S	显微镜座	Microscopium	S
天鹅座	Cygnus	N	麒麟座	Monoceros	N/S
海豚座	Delphinus	N/S	苍蝇座	Musca	S
剑鱼座	Dorado	S	矩尺座	Norma	S
天龙座	Draco	N	南极座	Octans	S
小马座	Equuleus	N/S	蛇夫座	Ophiuchus	N/S
波江座	Eridanus	N/S	猎户座	Orion	N/S
天炉座	Fornax	S	孔雀座	Pavo	S
双子座	Gemini	N/S	飞马座	Pegasus	N
天鹤座	Grus	S	英仙座	Perseus	N
武仙座	Hercules	N	凤凰座	Phoenix	S
时钟座	Horologium	S	绘架座	Pictor	S
长蛇座	Hydra	N/S	双鱼座	Pisces	N/S
水蛇座	Hydrus	S	南鱼座	Piscis Austrinus	S
印第安座	Indus	S	船尾座	Puppis	S
蝎虎座	Lacerta	N	罗盘座	Pyxis	S
狮子座	Leo	N/S	网罟座	Reticulum	S

（续）

星座	英文名	天区	星座	英文名	天区
天箭座	Sagitta	N	三角座	Triangulum	N
人马座	Sagittarius	N/S	南三角座	Triangulum Australe	S
天蝎座	Scorpius	N/S	杜鹃座	Tucana	S
玉夫座	Sculptor	S	大熊座	Ursa Major	N
盾牌座	Scutum	N/S	小熊座	Ursa Minor	N
巨蛇座	Serpens	N/S	船帆座	Vela	S
六分仪座	Sextans	N/S	室女座	Virgo	N/S
金牛座	Taurus	N/S	飞鱼座	Volans	S
望远镜座	Telescopium	S	狐狸座	Vulpecula	N

N：北天区；S：南天区

黄道十二星座

即使在今天，许多人仍然把天文学（研究天体）和占星术（研究天体对人类事务的影响）混为一谈。这是有历史原因的。最开始的时候，现代意义上的天文学并不存在。直到17世纪，天文学才被从占星术中剥离出来。把天文学从迷信转为科学，要归功于第谷·布拉赫、约翰内斯·开普勒等几位伟大的天文学家。有意思的是，他们在当时的生计和声望都来自占星家这个身份。

对黄道十二星座的形状的联想可以追溯到古巴比伦时代（公元前1894—公元前1595），甚至更早。

宇宙

黄道十二星座。

太阳系

我们的太阳系位于银河系外围旋臂之一的猎户臂中，距银河系中心约26000光年。通常认为太阳系形成于大约46亿年前。在那时，一团混合着尘埃的气体云（主要是氢）逐渐凝聚成一个由扁平圆盘围绕的巨大气体球。气体球在自身引力的作用下坍缩并点燃中心的核聚变，最终变成太阳。而围绕原始太阳的扁平圆盘中存在一些由细微扰动形成的高密度区，这些区域通过引力进一步凝聚更多的气体和尘埃，形成一颗颗行星。

太阳到银河系中心的距离：26000光年（2.46×10^{17}千米）。

太阳围绕银心的公转速度：220千米/秒。

太阳围绕银心的公转周期：2.5亿年。

太阳的年龄：46亿年。

太阳到最外围行星的距离：45亿千米。

已知太阳系中最远的天体（围绕太阳公转）：1996 TL66（一个由冰和岩石组成的球体），到太阳的距离为193亿千米。

太阳可以影响到的最大半径（即太阳风层顶）：483亿千米。

太阳系的里程碑：距离最远的行星是海王星；更远的地方，在193亿千米处，是柯伊伯带（充满彗星的环状结构）；太阳风层顶（太阳风所能影响的极限）在483亿千米之外；奥尔特云（长周期彗星的起源地）在10万亿千米之外。

太阳

太阳由一个直径约40万千米的炽热内核和一个厚约50万千米、被称为对流层的不透明外层组成。热能通过对流层从内核转移到只有几百千米厚的表面,即光球层。光球层外,太阳大气逐渐变得对太阳光和热能"透明"。这层大气由色球层(几千千米厚)和日冕组成。日冕可以向太空延伸数百万千米。

太阳的年龄:46亿年。

太阳的光谱型:G2V。

太阳的绝对星等:4.8等。

地球到太阳的距离:1.5亿千米(约8光分)。

太阳的预期寿命:100亿年。

太阳的直径:1390000千米(地球直径的109倍)。太阳内可以容纳1300000个地球。

太阳的质量:1.989×10^{30}千克(占太阳系总质量的99.8%)。

太阳的温度:表面温度为5500℃;核心温度为15600000℃。

太阳核心压力:2500亿个大气压。

太阳的化学组成:约73%的氢,25%的氦以及不到2%的其他元素。每秒钟,太阳将7亿吨的氢转化为6.95亿吨的氦,这个质量差会被转化为能量。光球层是发出大部分可见光的外层结构,它的亮度是满月的39.8万倍,是晴空中同等大小区域亮度的 1000 倍。

太阳黑子

太阳表面的这些"标记"——实际跨度有几千千米——位于光球层上更冷、更暗的区域。一般认为它们是由局部的强磁场引起的,强磁场能抑制太阳内部能量通过对流向外传递,因此当太阳表面出现局部强磁场时,该区域的温度就会下降,呈现为暗点,即太阳黑子。

太阳黑子的出现与太阳的磁场活动有关。太阳黑子的活动又会影响地球的磁层和电离层,甚至可能影响气候。地球历史上非常寒冷的时期,比如欧洲在 17 世纪末的小冰期(伦敦的泰晤士河冻结了几次),可能与太阳上太阳黑子活动减少有关。太阳黑子的数量以 11 年为一个周期增加和减少。上一个峰值出现在 2012 年左右,下一个峰值预计将于 2021 年开始。

月球

在过去的月球起源研究中,主要存在三个不同的观点。第一个观点认为月球是由从地球剥离开的岩石形成的,这次剥离在地球上留了一个明显的"伤疤"——太平洋海盆。第二个观点认为,月球最初是一个四处游荡的"流浪汉",之后被地球的引力俘获变成了地球的卫星。第三个观点则认为月球与地球起源于同一团星云,由于引力坍缩,形成大小不同的两个天体。现在对月球岩石成分的分析表明，月球可能是由一个火星大小的天体撞击幼年期的地球形成的。撞击过程抛射出大量的岩石碎块，这些碎块在地球周围形成了一个圆环。在引力作用下，圆环上的碎石逐渐聚合，形成了我们现在所熟知的月球。

月球到地球的距离：384000千米。

月球的直径：3476千米。

月球的质量：7.35×10^{22}千克。

在地球上可以看到的月球表面主要地貌：明亮的高地（月陆）；阴暗的平原（月海）。

月球表面的温度：$-180 \sim 115 ℃$。

月球的公转周期：每27.32天围绕地球公转一周。

月相的变化：新月——上蛾眉月——上弦月——盈凸月——满月——亏凸月——下弦月——下蛾眉月——新月。

彗星

彗星是由冰、尘埃组成的脏雪球（少数彗星也包含岩石成分），它们通常游荡在太阳系边缘的奥尔特云中。由于某些原因，有些彗星会脱离奥尔特云，并在一个非常扁的椭圆轨道上围绕太阳运动。当一个彗星离太阳足够近时，太阳风产生的压力会导致彗星表面的尘埃和冰蒸发，在彗星后面形成一条长长的发光的尾巴，从而形成我们在地球上看到的彗星的形状。

翻看历史文献，我们发现，一些彗星在人类历史上被多次观测到过。通过这些文献中记录的时间，我们就可以估算出彗星的公转周期——出现在地球轨道附近的时间间隔。而另一些彗星，在历史文献中只出现过一次㊀。彗星一般会以发现者的名字来命名，少数彗星以算出彗星轨道的人命名，如恩克彗星。下面的表格给出了一些著名彗星的信息。

彗星	发现时间（年）	发现者	最近一次被观测到的时间（年）	下一次可观测时间（年）	周期/年
哈雷彗星	公元前240	未知	1986	2061	76
比拉彗星	1772	夏尔·梅西叶	1852	已破碎	—
恩克彗星	1786	皮埃尔·梅尚	2020	2023	3.28
法叶彗星	1843	赫夫·法叶	2014	2021	7.34
斯威夫特-塔特尔彗星	1862	路易斯·斯威夫特和霍勒斯·塔特尔	1992	2126	133
格雷尔斯2号彗星	1973	汤姆·格雷尔斯	2019	2026	7.22
科胡特克彗星	1973	卢波什·科胡特克	1973	76973	75000
霍威尔彗星	1981	艾伦·霍威尔	2020	2026	5.5
舒梅克-利维9号彗星	1993	尤金和卡罗琳·舒梅克夫妇和大卫·利维	1994	已与木星相撞	

㊀ 原因可能是：1. 彗星的轨道周期太长，在被首次发现后，还没有再次返回到地球轨道附近；2. 彗星的轨道不是椭圆，而是抛物线。——译者注

（续）

彗星	发现时间（年）	发现者	最近一次被观测到的时间（年）	下一次可观测时间（年）	周期/年
海尔-波普彗星	1995	艾伦·海尔和托马斯·波普	1997	4377	2380
百武彗星	1996	百武裕司	1996	未知	~70000
C/2001 Q4（NEAT）	2001	近地小行星跟踪计划（NEAT）	2004	未知	未知
C/2002 T7（LINEAR）	2002	林肯近地小行星研究小组（LINEAR）	2004	未知	未知

行星

把地球缩小到一个葡萄的大小，此时月球到我们的距离就变为30厘米，而太阳的大小跟站在一个街区外的成年人相当。木星看起来有一个西瓜那么大，距离我们4个街区。在木星后面的5个街区外是土星，看起来只有一个橙子那么大。天王星和海王星都与柠檬的大小相当，分别距地球20和30个街区。而冥王星变得实在太小，以至于我们几乎看不到它。在这个系统中，人类的大小仅相当于一个原子。

水星

它是太阳系中最小的大行星，质量为 3.3×10^{23} 千克，平均直径为4879千米。它是距离太阳最近的行星，围绕太阳公转轨道的平均半径只有约 5800 万千米（仅为地球轨道半径的 38%）。

水星一年只有 88 个地球日。行星表面的温度从 –183℃ 到 427℃ 不等，是整个太阳系中温度变化最大的行星。

水星的轨道是椭圆形的。如果站在水星表面的某些地方，我们会看到太阳实际上随着它在天空中的移动而变大。然后，

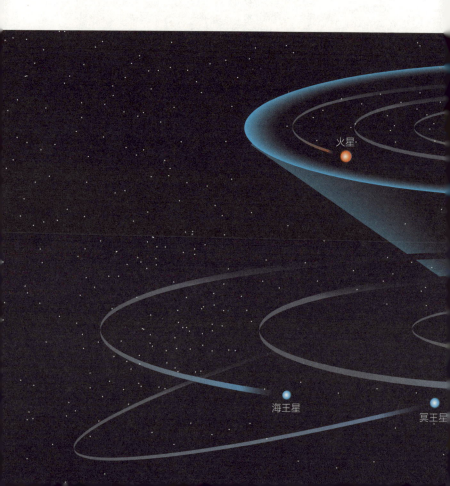

太阳系

太阳将停止,短暂地反转后再次停止,再次反转后继续向前,并一直缩小。

水手10号探测器在1998年和1999年执行任务时对水星进行了观测。它发现尽管水星表面非常灼热,但两极阴影区仍可能存在水冰。这实在令人难以置信。

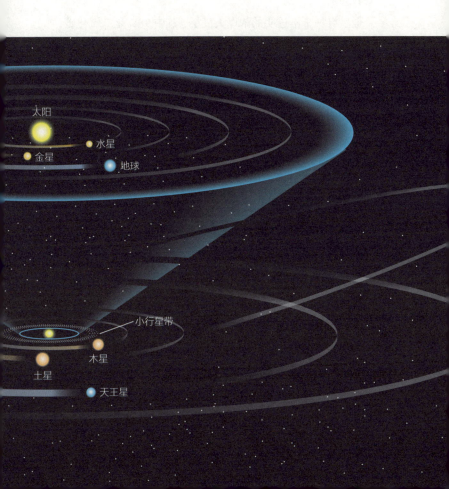

金星

金星是太阳系体积第六大的行星,围绕太阳公转轨道的平均半径为 1.08 亿千米。它的平均直径是 12104 千米,质量为 4.87×10^{24} 千克。金星上的一年是 225 个地球日,但金星上的一天有 243 个地球日。也就是说,金星的自转周期要长于公转周期。

金星有一个不透明的浓厚大气层,其中 98% 是二氧化碳,并带有硫酸和硫磺云。失控的温室效应使得它成为太阳系中最热的行星,其表面的平均温度高达 470℃,热到足以熔化铅。金星上的大气压也非常高,是地球大气压的 92 倍。尽管早期金星表面可能有水的存在,但现在液态水早已(在高温下)完全蒸发。

火星

火星的平均直径为 6779 千米,质量为 6.4×10^{23} 千克。火星上一天与地球上一天的长度几乎相同(一个火星日约等于一个地球日),但一年却有 687 个地球日。火星表面的平均温度为寒冷的 –63℃。由于它的轨道是椭圆形的且自转轴有明显倾斜,因此火星上季节变化非常明显。其冬季温度可以降至 –133℃,而夏季则可达到 27℃ 的"宜人温度"。

在最开始的时候,火星可能与地球非常相似。然而,火星上缺乏类似地球的板块构造活动,大气中的二氧化碳在被岩石吸收后,很难再被释放回大气中。二氧化碳的低浓度阻止了温室效应的产生,使得火星变得寒冷、贫瘠和荒凉。

尽管大气非常稀薄，但是火星上的风却很大。巨大的沙尘暴可以连续数月覆盖整个星球。火星有两颗微小的卫星，即火卫一（福波斯）和火卫二（得摩斯）。

木星

木星的平均直径为139822千米，质量为1.9×10^{27}千克。它的质量是太阳系其他所有行星质量总和的2.5倍，是地球的318倍。

木星是一个巨大的气态行星，从木星表面的大气往下延伸到岩石核心，它的密度和温度逐渐增加，温度最后可达到惊人的35000℃。木星岩石核心的质量也很大，大约为地球的10~15倍。木星的大气包含约75%的氢、24%的氦以及1%的其他物质，包括甲烷、氨和水。木星岩石核心与大气层交界处的压力是如此之高——比地球表面高400万倍，以至于氢变成了金属液体形态。

当观测木星时，我们根本看不到木星表面，只能看到巨大的暗带和亮区交替出现的云层顶部。在速度高达644千米/小时的狂风推动下，云层顶部的暗带和亮区沿着相反方向围绕木星运动。

木星已知的卫星有79颗。意大利天文学家伽利略发现了木卫一（艾奥）、木卫二（欧罗巴）、木卫三（盖尼米德）和木卫四（卡里斯托）这四个最大的木星卫星。另外，木星还有三个微弱的星环。

土星

土星的平均直径为 116464 千米，质量为 5.68×10^{26} 千克，是太阳系中体积第二大的行星。它离太阳的距离几乎是地球的 10 倍。土星以土星环而著称，但这使它在早期天文学家的眼中看起来非常奇怪——他们不知道为什么土星看起来如此奇特。直到 1659 年，克里斯蒂安·惠更斯才清楚地认识到土星的特殊形态是由土星环造成的。

土星是太阳系中密度最低的行星。总体而言，它的结构类似于木星，大气中具有与木星相似的亮区和暗带。

土星目前已知有 82 颗卫星，最大的是土卫六，即泰坦。

土星环

从地球上可以看到三个土星环：A 环、B 环和 C 环。其中 A 环和 B 环由卡西尼环缝隔离开，C 环在 B 环内侧且比明亮的 A 环和 B 环暗淡许多。1977 年旅行者号飞船发射升空，并在飞掠土星时，发现了四个新的星环。土星环由数百万个冰和岩石颗粒组成，大小从几毫米到几千米不等。土星环可延伸至赤道上空 400000 千米，但厚度只有几十米。土星环上有很多奇特的特征，包括辐条（技术上称为径向不均匀性）、发辫和结点。

天王星

天王星的平均直径为 50724 千米，质量为 8.68×10^{25} 千克，它的体积比海王星大，但质量比海王星小。它每 84 个地球年绕太阳公转一次。它是一个由岩石、冰和气体（主要是氢）组成的星球，表面覆盖着浓厚的大气层（包括83%的氢、15%的氦和2%的甲烷）。甲烷吸收波长较长的红光，使天王星看上去是蓝色的。天王星有13个已知的星环和27颗卫星，卫星的名称都出自威廉·莎士比亚和亚历山大·蒲柏的歌剧，而不是古典神话。主要的卫星包括天卫五（米兰达）、天卫一（艾瑞尔）、天卫二（安布瑞尔）、天卫三（泰坦妮亚）和天卫四（奥伯龙）。

海王星

海王星的平均直径为49244千米，质量为 1.02×10^{26} 千克（是地球的17倍）。海王星的发现历史很有意思，它是在两位数学家预测了它的轨道后，才在1846年被发现的。实际上，伽利略在1613年就首先注意到了它。但由于观测位置在夜空中都靠近木星，伽利略无法准确地识别它，因此他把海王星错误认定为一颗恒星。海王星的结构与天王星相似，云层顶端的甲烷云使得它呈现蓝色。海王星有5个星环和14颗卫星，其中最著名的是海卫一（特里同）。

海王星大气层的风速可达2011千米/小时，是太阳系中的最高风速。大气层中的特征团块也移动得非常快。绰号为"滑板车"的一个白色云团，每16个小时就会围绕海王星运动一周。

冥王星

冥王星是如此之小,以至于许多人认为它应该被归类为大型小行星或彗星,根本不应该归类为行星。事实上,根据新的行星定义,冥王星已经被移出行星行列,降格为矮行星。它的平均直径只有2376千米,体积仅为月亮的1/3。它的轨道非常扁,有时它比海王星更靠近太阳。冥王星的表面平均温度约为–220℃。尽管冥王星主要由岩石和冰组成,但人们推测其表面较暗的区域可能包含有机物质的沉积物。

冥王星的卫星冥卫一以希腊神话中的人物卡戎(Charon)命名。卡戎是一名冥河摆渡者,他将灵魂带给冥王哈迪斯(对应罗马神话中的普鲁托)。但卡戎也可以作为对詹姆斯·克里斯蒂的妻子夏琳(Charlene)的致敬,詹姆斯于1978年发现了卡戎。

最有可能发现生命的地方

(1)火星:火星上任何地方都可能存在细菌化石。而在可能存在液态水的地表深处,我们甚至有可能找到活着的生命。事实上,在地球的地表深处,的确有细菌的存在。

(2)木卫二:在它冰冷的地壳下可能有液态水存在。由木星引起的强烈潮汐和磁场活动可以提供生命所需的热量(通过海底火山活动)。这种结合可以创造出类似于地球海洋的海底热泉附近的(生存)条件。

(3)土卫六:它具有浓厚且富含有机物的大气层,大气成分与早期地球有相似之处;它还有冷冻的水以及炽热的核心。

太空任务

现在,人类的探测器已经造访了所有行星。在第二次世界大战后,美国和苏联之间展开了一场旷日持久的太空竞赛,目的在于将人类送入太空,并最终登陆月球。下表记录了迄今为止进行过的主要太空任务。

日期	任务名称(国家或地区)	任务使命	任务结局
1957.10.4	人造卫星1号(苏联)	第一颗人造地球卫星	圆满成功
1957.11.3	人造卫星2号(苏联)	第一个送上太空的动物:一只叫莱卡的狗	进入太空数小时后,因太空舱过热而中暑死亡
1961.4.12	东方1号(苏联)	第一个送上太空的人类:尤里·加加林	圆满成功
1963.6.16	东方6号(苏联)	第一个送上太空的女宇航员:瓦莲京娜·捷列什科娃	圆满成功
1965.3.18	上升2号(苏联)	第一次太空行走:阿列克谢·列昂诺夫	圆满成功
1969.7.16	阿波罗11号(美国)	第一次登陆月球:尼尔·阿姆斯特朗和巴兹·奥尔德林(他们也成为进行最远太空旅行的人)	圆满成功
1969.11.14	阿波罗12号(美国)	载人登月	圆满成功
1970.4.11	阿波罗13号(美国)	载人登月	机械故障致使任务终止,宇航员安全返回地球

（续）

日期	任务名称（国家或地区）	任务使命	任务结局
1970.8.17	金星7号（苏联）	第一个金星着陆器	圆满成功
1971.1.31	阿波罗14号（美国）	载人登月	圆满成功
1971.7.26	阿波罗15号（美国）	载人登月	圆满成功
1972.4.16	阿波罗16号（美国）	载人登月	圆满成功
1972.12.7	阿波罗17号（美国）	登月计划	圆满成功
1973.5.14	天空实验室1号（美国）	空间站（进行第一次太空如厕和淋浴）	任务完成后，空间站进入大气层烧毁
1975.8.20	海盗1号（美国）	火星着陆器	圆满成功
1977.8	旅行者1号（美国）	飞越木星和土星	圆满成功，探测器仍在工作，已成功飞出太阳系
1977.12	旅行者2号（美国）	飞越木星、土星、天王星和海王星	圆满成功，探测器仍在工作，已成功飞出太阳系
1981.4.12	STS-1哥伦比亚号航天飞机（美国）	第一次航天飞机任务：系统检测	圆满成功
1985.7.2	乔托号（欧洲）	造访哈雷彗星	圆满成功
1986.1.28	STS-51-L挑战者号航天飞机（美国）	部署跟踪卫星和哈雷彗星观测器	发射后爆炸，所有宇航员罹难
1990.4.25	哈勃空间望远镜（美国）	NASA大型轨道天文台计划的第一个和最重要的望远镜	镜面缺陷在后续的航天飞机任务中得到修复，目前仍在轨运行

（续）

日期	任务名称（国家或地区）	任务使命	任务结局
1992.9.25	火星观察者号（美国）	火星轨道器	失联
1996.11.7	火星全球探勘者号（美国）	火星轨道器	2006.11 由于电能不足失去控制
1996.12.4	火星探路者号（美国）	火星着陆器和火星漫游车	圆满成功
1997.10.15	卡西尼号（美国）	土星轨道器	2017.9.15 任务结束
1997.10.15	惠更斯号（欧洲，搭载在卡西尼号上）	泰坦着陆器	2005.1 在泰坦登陆
1998.7.3	希望号（日本）	火星轨道器	任务失败
1999.1.3	火星极地着陆者号（美国）	火星着陆器	任务失败
2001.4.7	2001 火星奥德赛号（美国）	火星轨道器	仍在轨运行
2003.1.16	STS-107 哥伦比亚号航天飞机（美国）	16 天的太空任务旨在研究人体、生命和太空科学	返回大气层时爆炸，全部宇航员罹难
2003.6.4	火星快车（欧洲）	火星轨道器和着陆器（小猎犬 2 号）	任务失败
2003.6.10	勇气号（美国）	火星漫游车	2011.5 任务结束
2003.7.7	机遇号（美国）	火星漫游车	2019.2 任务结束
2003.9.28	智能 1 号（欧洲）	月球探测器	圆满成功
2004.3.2	罗塞塔号（欧洲）	彗星探测器	圆满成功

（续）

日期	任务名称（国家或地区）	任务使命	任务结局
2005.8.12	火星勘测轨道飞行器（美国）	火星轨道器	仍在轨运行
2005.11.9	金星快车（欧洲）	金星轨道器	圆满成功
2007.8.4	凤凰号（美国）	火星着陆器，寻找水的踪迹	圆满成功
2009.3	开普勒空间望远镜（美国）	系外行星搜寻	2018.10 因燃料耗尽而终止通信
2011.11.26	好奇号（美国）	火星漫游车	仍在运行
2018.10.20	贝比科隆博（欧洲/日本）	水星轨道器	预计 2025 年抵达水星

人造卫星

超过 4000 颗人造卫星已经被发射到地球轨道上，其中许多卫星已经停止工作或坠入地球大气层并解体。

第一颗科学卫星：1957 年 10 月，人造卫星 1 号。

第一颗气象卫星：1959 年 12 月，先锋 2 号。

第一颗军事卫星：1959 年 2 月，发现者 1 号。

第一枚通信卫星：1962 年 2 月，ECHO1。

第一颗商业电信卫星：1962 年 7 月，TELSTAR1。

第一颗全球定位卫星：1978 年 2 月，NAVSTAR1。

带给外星人的消息

有三条重要信息已从地球发送给可能存在的智慧外星生命,分别是先驱者号携带的信息、旅行者号携带的信息和 SETI(搜寻地外文明计划)发送的信息。先驱者 10 号和 11 号现在已经离开太阳系,它们携带有金属光盘,可以(帮助外星智慧生命)用来确定它们的来源地(太阳系)和发射时间。

旅行者 1 号和旅行者 2 号各自携带了更丰富的信息——一张唱片,用于传递代表地球生命的声音和图像。唱片被包装在铝套中,并附有播放说明和其他必要设备。铝套中还印有著名的"旅行者"的象形图,显示了人类的形象以及太阳系相对于许多脉冲星的位置。

旅行者号唱片携带的信息: 时任美国总统吉米·卡特和联合国秘书长库尔特·瓦尔德海姆的贺词;录制的自然声音(例如海浪、雷和风),动物的声音和人造声音;用 55 种不同的语言发出的问候。音乐曲目包括:巴赫的《勃兰登堡协奏曲》;刚果俾格米女孩的启蒙歌曲;查克·贝里的《约翰尼·B.古德》;斯特拉文斯基的《春之祭》;路易斯·阿姆斯特朗和他的"热门七人"乐队的忧郁蓝调组曲;阿塞拜疆风笛音乐;盲眼威利弹唱的《夜黑地冷》。此外,还有 115 张图像,包括日常生活的场景,如看电视、打篮球等。

SETI 发送的信息

1974 年 11 月 16 日,阿雷西博射电望远镜发了一条带有复杂图形代码的无线电信号。信号包含了一个人类的简笔画、DNA分子的形状、太阳系和发送信号的射电望远镜的口径和波长。这个信号比太阳信号还要强烈,比普通电视信号强100万倍。阿雷西博望远镜发射信号的方向对准的是25000光年外的M13星团,所以信号会在大约25000年后到达那里。一路上信号还将经过近30个不属于M13的恒星。

地球

有关地球的重要数据

赤道直径：12756 千米。

极点直径：12710 千米。

赤道周长：40047 千米。

两极周长：39904 千米。

质量：5.97×10^{24} 千克。

年龄：46 亿年。

到太阳的距离：1.5 亿千米（约 8 光分）。

围绕太阳旋转一周所需时间：365 天 6 小时 8 分钟。

自转一周所需的时间：23 小时 56 分钟。

表面积：510066000 平方千米。

水域面积：361419000 平方千米，占表面积的 70.9%。地球上的总水量为 1300500000 立方千米。

陆地面积：148647000 平方千米，占表面积的 29.1%。如果地球表面处于完全相同的水平高度，它将是一个完全光滑的球体，并且被 2686 米深的海水覆盖。

现有人口：约 77 亿（2019 年）。

地球赤道自转速度：约 1670 千米 / 小时。

地球绕太阳公转的速度：107340 千米 / 小时。

太阳系绕银河系中心运行的速度：792000 千米 / 小时。

地球上的生命

太阳的大小和类型：作为一个光谱类型为 G2V 的恒星，太阳为我们提供了足够的热量和光，且没有过多的致命辐射。太阳已经以现在的状态稳定存在了约 46 亿年。

木星的保护作用：木星就像一块巨大的盾牌，拦截并偏转了无数小行星和彗星。否则它们会非常频繁地撞击地球，导致生命永远无法进化。

地球磁场：在我们的地球周围存在一个强大的磁场，它将来自太阳的潜在致命带电粒子流偏转到地球周围的范艾伦辐射带中。

地球的大气层：它在地球复杂的生命进化中起着至关重要的作用。首先，它的厚度足以在大多数小行星撞击地表之前将其燃烧掉。其次，它只包含适量的二氧化碳以产生温和的温室效应。正是这个温和的温室效应，使得地球目前的平均温度为 14℃。在没有温室效应的情况下，地球的平均温度将降低到 –21℃，那时海洋也将冻结。

液态水：地球表面的温度刚好处于水以液态存在而不会沸腾以致蒸发到外太空的范围内。目前，液态水是已知的可以让生命蓬勃发展的唯一媒介。

板块构造活动：在地球的早期，大气中的大部分二氧化碳与地壳结合在一起，形成了碳酸盐岩。这防止了地球因温室效应失控而产生类似金星的状况。另一方面，如果所有的二

我们是如此幸运！ 自从生命出现以来，地球就逃过了许多重大的宇宙灾难，例如被吸进黑洞、被超新星爆发的冲击波击中或被另一个行星撞击。

氧化碳都被消耗掉，地球上就不会有任何温室效应，地球将像火星一样变得寒冷且没有生命存在。幸运的是，板块构造活动提供了一种可以释放岩石中的碳，维持大气中足够的二氧化碳含量的方式。

光合作用：能进行光合作用的生物的进化导致氧气的出现，并将大气中的氧气含量维持在一个高水平，从而使通过呼吸氧气维持生命的生物得以出现和进化。氧气还产生了一层臭氧层，这有助于保护陆地生物免受紫外线的伤害。

地球的组成

地球的主要成分是铁（34.6%），其中大部分存在于地核中。地球的地壳由二氧化硅以及硅（占地球总成分的15.2%）和氧的其他化合物组成。氧是地壳中最丰富的元素，占地球总成分的29.5%。构成地球的其他元素还包括镁（12.7%）、镍（2.4%）、硫（1.9%）以及其他微量元素。地球核心温度为6000℃，比太阳表面温度还要高。

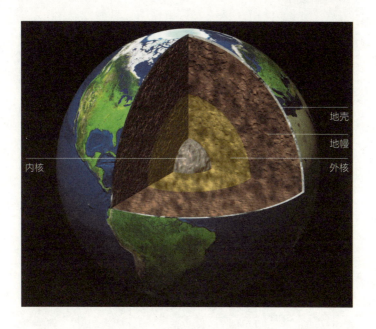

地层结构

地层	平均深度/千米	质量/10^{24}千克	质量（百分比）
地壳	0~17	0.024	0.4%
地幔	17~2900	4.155	69.6%
地核	2900~6378	1.791	30%

地质年代表

宙	代	纪	世	距今大约年代/百万年	主要生物演化
显生宙	新生代	第四纪	全新世	现代 0.01	人类时代　现代植物
			更新世	2.58	
		新近纪	上新世		哺乳动物　被子植物
			中新世	23	
		古近纪	渐新世		
			始新世		
			古新世		
				66	
	中生代	白垩纪	上白垩世		爬行动物　裸子植物
			下白垩世	145	
		侏罗纪	上侏罗世		
			中侏罗世		
			下侏罗世	201	
		三叠纪	上三叠世		
			中三叠世		
			下三叠世		
				252	
	古生代	二叠纪	乐平世		两栖动物　蕨类植物
			瓜德鲁普世		
			乌拉尔世	299	
		石炭纪	上石炭世		
			下石炭世	359	
		泥盆纪	上泥盆世		鱼类　裸蕨植物
			中泥盆世		
			下泥盆世	419	
		志留纪	普里道利世		
			罗德洛世		
			温洛克世		
			兰多维列世	444	
		奥陶纪	上奥陶世		无脊椎动物　菌类和藻类
			中奥陶世		
			下奥陶世	485	
		寒武纪	芙蓉世		
			第三世		
			第二世		
			纽芬兰世	541	
元古宙				2500	
太古宙				4000	

大气层

地球大气中氮气的含量为 78.08%，氧气含量为 20.95%，氩气含量为 0.93%，二氧化碳含量为 0.03%，此外还有少量其他气体。

分层	高度（距地球表面）	温度	性质
对流层	在两极地区：8~9千米；在中纬度地区：10~12千米；在赤道地区：17~18千米	每上升305米，温度就降低大约2℃；最低温度为-57℃	包含了大气总质量的75%。地球上几乎所有天气现象都发生在这一层。一般我们称对流层顶部为对流层顶
平流层	10~50千米	下层稳定在-50℃左右，上层气温迅速上升，能达到0℃以上	包含大气总质量的24%。平流层的上半部分是保护地球生命免受紫外线辐射的臭氧层

(续)

分层	高度（距地球表面）	温度	性质
中间层	50~85 千米	随高度的上升而下降，最低可达 -100℃	坠入大气层的陨石主要在这层燃烧，形成我们看到的流星。连同热层一起，它们都包含许多电离的粒子，被统称为电离层。无线电信号在电离层会被反射，我们现在所使用的无线电通信就是利用了电离层的这个性质
热层	85~800 千米	这层的温度变化很大。大气分子可以达到 700℃。但是由于这层的大气非常稀薄，我们仍会感觉到很冷	这一层大气之所以变得如此高温是因为该层的稀薄大气可以吸收大量从下层反射回来的辐射
外逸层	800~3000 千米	与热层类似，大气分子温度极高，但由于大气密度太低，实际测得的温度只有 0℃	大气密度与外层空间（行星际介质）已经非常接近。在这个高度之上，名义上的大气层就只受到地球引力和磁场的影响

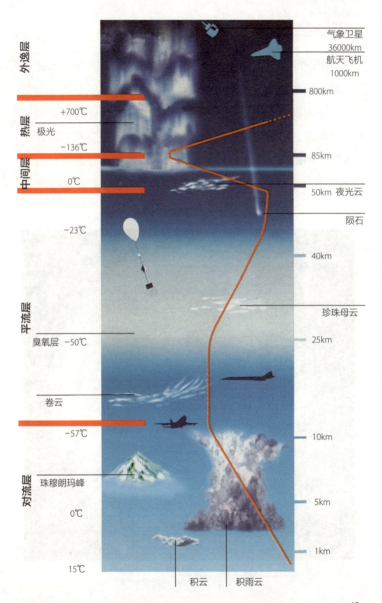

臭氧层空洞

所谓的臭氧层空洞实际上是一个比地球上其他地方的臭氧层更稀薄、臭氧浓度更低的区域。南极上空就存在一个空洞。受南极上空气流和低温的影响,化学物质(如氟氯烃)在此聚集,破坏臭氧层,并最终形成了臭氧层空洞。南极臭氧层空洞覆盖了南美洲的最南端和南极洲的部分地区。每年10月空洞直径达到高峰,然后在接下来的两个月里逐渐缩

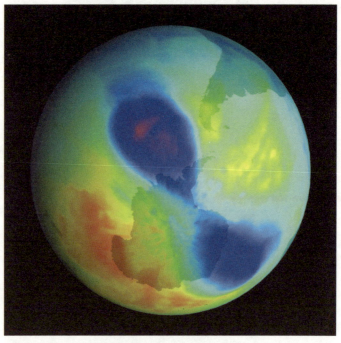

2002年9月24日南极上空的臭氧层空洞。

小。现在，通过对氟氯烃等物质排放的限制，南极臭氧层空洞正在逐渐变小。

极点

地球磁场是由地幔中的电子随地球自转的电流效应产生的。像磁铁一样，地球的磁场也有磁极。地磁极是地球表面上指南针所指向的点，它的位置受电离层和磁层中电流的日常波动和磁暴所影响。地磁极会在地球表面移动，有时甚至会倒转。

自大约250万年前原始人类进化以来，地球已经发生了八次南北磁极倒转。最近一次发生在78万年前。由于在这次倒转之前，磁极倒转现象颇为频繁，我们甚至有些怀疑，距上一次反转这么多年以后，下一次倒转也许即将到来。

经度和纬度

纬线和经线可以将世界地图网格化，由此地球表面上的任何一点都可以用经度和纬度坐标表示。这些线以度（°）为基本单位，1度分为60分（记为'），1分进一步分为60秒（记为"）。纬线沿水平方向分布，经线沿竖直方向分布。

纬度

纬线又称为平行线，因为它们彼此平行，不会相交。赤道是纬度为 0° 的线,而北极为 90° N,南极为 90° S。经线上的纬度 1°相当于 111 千米。

经度

因为地球是一个球体,所以经线汇聚在两极,而不是彼此平行。在赤道,它们每度之间相距 111 千米。经线也被称为子午线。

当使用经典的墨卡托投影将世界地图绘制在二维平面上时,经线是被彼此平行绘制的,这意味着地图顶部和底部的线之间的区域看起来比实际范围更大。所以你会发现在大部分世界地图上,格陵兰岛看起来比实际大得多,而辽阔的非洲大陆看起来比实际小得多。

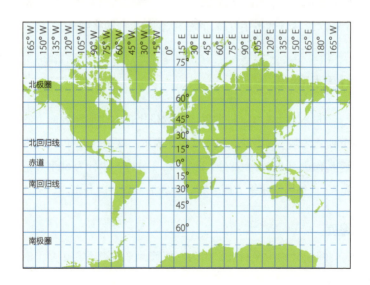

坐标

地球表面上任何点的坐标都可以通过经纬度给出。例如,纽约市中央公园位于北纬40°47'(赤道以北),西经73°58'(格林尼治以西)。更准确地说,美国华盛顿特区的国会大厦位于北纬38°53'23",西经77°00'27"。

小知识 世界在墨卡托投影图中变得平坦了(由球面变为平面)。在这种投影中,格陵兰岛显得异常大。

时区

在1884年的一次国际会议上,经过伦敦格林尼治皇家天文台所在地的经线被定义为本初子午线,也就是经度为0°。本初子午线以西称为西经,以东称为东经,它们分别有180°,并在格林尼治对面的国际日期变更线(IDL,东经和西经都为180°)上重合。从地图上看,国际日期变更线是一条不规则的线,以防止太平洋岛屿国家的不同地区之间出现不同的日期。

格林尼治以西的时区比格林尼治标准时间"早",在格林尼治以东的时区比标准时间要"晚"。

气候带

最广泛使用的气候分类法叫作柯本气候分类法，其中的气候类型用字母表示，字母的选择由每种气候类型的特征性降雨和特征性温度而定。

主要的气候类型有5种（由大写字母表示），每种又包含多个亚类型。

A 热带气候：全年高温，降雨充沛。

B 干旱带气候：降雨稀少，日温变化范围很大。

可分为两个亚型：S（半干旱或草原）；W（干旱或沙漠）。

C 温暖带气候：夏季温暖干燥，冬季寒冷潮湿。

D 冷温带气候：存在于大型陆地内部。总降水量低，季节性温度变化很大。

E 极地带气候：始终存在永久性的冰和冻土的地区，一年中大约只有四个月的温度高于冰点。

亚类型

f 所有月份均应保持潮湿，无干燥季节。该亚类型通常伴随A、C和D型气候。

m 雨林性气候时间相对较短，旱季伴随季风性气候，这个亚类型仅适用于A型气候。

s 夏天为旱季。

w 冬天是旱季。

还存在其他亚类型，它们通常由温度的变化划分。

极端气候

最冷：南极洲的沃斯托克——最低温度达到过-94℃。

最热：卢特沙漠——测得最高温度达71℃。

降温最快：美国蒙大拿州的布朗里格——一天内温度从7℃降低到-49℃。

升温最快：美国南达科他州的斯皮尔菲什——气温在两分钟内从-20℃上升至7℃。

温度变化范围最广：东西伯利亚——温度通常在-60~37℃之间变化。

平均气候

最热：埃塞俄比亚的达洛尔——年平均温度为34℃。

最冷：南极洲的高原考察站——年平均温度为-91.3℃。

最湿：美国夏威夷的怀厄莱阿莱，年平均降水量为12500毫米。

最干旱：智利阿塔卡马沙漠——年平均降雨量小于0.1毫米。事实上，该地区多年来没有可记录的降水。

风和气候

蒲福风级

为了描述风速对帆船的影响，英国皇家海军少将弗朗西斯·蒲福爵士于1806年制定了蒲福风级。风级由0~12的数字表示，数字越大代表风速越大。

蒲福风级	描述风力术语	风速/（千米/小时）	蒲福风级	描述风力术语	风速/（千米/小时）
0	无风	0~1	7	疾风	50~61
1	软风	1~5	8	大风	62~74
2	轻风	6~11	9	烈风	75~88
3	微风	12~19	10	狂风	89~102
4	和风	20~28	11	暴风	103~117
5	清风	29~38	12	飓风	≥118
6	强风	39~49			

风寒指数

风寒指数是在外界气温和风速给定时，人们对寒冷程度的主观衡量。例如，16千米/小时的风速会让4℃感觉更像是寒冷的-2℃。

小知识 在距离地球表面约700千米处，大气变得非常稀薄，此时，一个空气分子要与其他空气分子发生碰撞所需要运动的平均距离等于地球的半径。

地球板块构造理论

地球表面由一层固体岩石（地壳）构成，它们漂浮在流动岩浆床（地幔）上。地壳又分为许多相互连接的板块。

地壳的大部分是由板块边界处的火山活动形成的。例如，

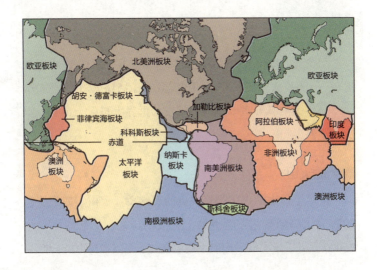

洋中脊——长达 8 万千米的海底山脉——以每年 17 立方千米的速度产生新的玄武岩，并覆盖海底形成新的海洋地壳。

下面是地球上不同类型的板块边界及其特征：

张裂型板块边界：以火山、大洋中部的海脊或裂谷为特征，在那里岩浆涌出，创造新的物质去构造板块。例如：东非大裂谷、大西洋中脊。

汇聚型板块边界：特征是深海沟、山脉、火山链和岛屿——其中一个板块俯冲到另一个之下。例如：阿留申群岛、安第斯山脉。

守恒型板块边界：以断层线和强烈地震活动为特征；板块相互划过，常常是断断续续的。例如：圣安地列斯断层。

火山

至少有500座火山被认为是活火山,其中仅在21世纪就有超过380座火山喷发了。近年来,至少有15座火山持续喷发。

每年大约有五六十座火山喷发。世界上每天至少有一座火山喷发。

最大的火山

世界上最大的火山是夏威夷的冒纳罗亚火山。如果从它的海底山脚测量,它是世界上最高的山之一。它的体积约75000立方千米,海平面以上熔岩流经面积5125平方千米。

最活跃的火山

这是一件很难确切说明的事情,因为它取决于如何定义火山活动。就最近的大规模喷发而言,夏威夷的基拉韦厄火山被认为是最活跃的火山,自1983年以来就没有停止过喷发。就喷发次数而言,意大利的埃特纳火山已有500多次喷发历史,其第一次喷发距今已有2400年。

小知识 印度尼西亚喀拉喀托火山在1883年喷发时释放了数千万吨的灰尘。由此引起的高层大气成分变化导致了持续数年的全球变冷,并在大气中产生了一些可见的光学现象。1991年,菲律宾的皮纳图博火山爆发,在世界各地形成了二氧化硫分子云带,直接影响了太阳辐射的强度。

最大的火山喷发

衡量火山喷发规模的一个标准是火山爆发指数(VEI),该指数最高可达到8。在人类文明史上,最大的一次火山喷发是发生在1815年的印度尼西亚坦博拉火山喷发,它是一次VEI为7的喷发——这是过去1万年中仅有的4次VEI为7的火山喷发之一。在坦博拉火山,大约170立方千米的火山灰和碎石被喷射到大气中,直接导致了约1万人死亡。后续的农作物歉收和饥荒夺去了8万人的生命。

将VEI与破坏性(描述人员死亡状况)相结合,历史上最危险的五次火山喷发详细如下。

地理位置	时间(年)	VEI	估计死亡人数
印度尼西亚,坦博拉	1815	7	92000
希腊,圣托里尼	公元前1628	6	未知(但可能摧毁了米诺斯文明)
印度尼西亚,喀拉喀托	1883	6	36400
危地马拉,圣玛利亚	1902	6	6000
美国,圣海伦斯	1980	5	57

有史以来最大? 很难给出史前的准确数字,但普遍认为,220万年前的黄石火山喷发是一次VEI达到8的火山喷发。这次喷发将2500立方千米的火山灰释放到大气中(是圣海伦斯火山的2000多倍),是有史以来最大的一次火山喷发。

地震

里氏震级被用来描述地震的强度。虽然里氏震级不是严格意义上对地震影响或破坏范围的表述,但人们一般仍然用不同的里氏震级来说明不同的地震影响。

里氏震级	地震产生的影响
3.0 级以下	通常我们无法感觉到,但是可以被专业仪器记录下来
3.0~4.5	通常我们可以感觉到,但是很少造成损失
4.5~6.0	最多对建造良好的建筑物造成轻微损害。会对小范围内的建造不佳的建筑造成重大损害
6.1~6.9	可以对方圆约 100 千米内的人口稠密地区造成破坏
7.0~7.9	强震。可造成大面积的严重灾害
8 级或更高	大地震。可以在方圆几百千米的地方造成严重破坏

主要的地震事件

下面的表格显示了几次死亡人数较多的破坏性地震。

事件	地点	估计死亡人数	里氏震级
1556 年 1 月 23 日	中国,陕西	830000	8.0
1976 年 7 月 28 日	中国,唐山	240000	7.8
1138 年 8 月 9 日	叙利亚,阿勒颇	230000	未知
856 年 12 月 22 日	伊朗,达姆甘	200000	未知

山峰

冒纳凯阿火山是夏威夷第一高火山,海拔高度 4205 米。

如果以火山山脉的最低点——太平洋海底的夏威夷海沟为基点，冒纳凯阿火山的高度能达到10203米，它将成为世界上最高的山峰。

每个大洲上的最高山峰

亚洲：珠穆朗玛峰，8844.43米。

南美洲：阿空加瓜山，6960米。

北美洲：麦金利山，6194米。

非洲：乞力马扎罗山，5895米。

欧洲：厄尔布鲁士山，5642米。厄尔布鲁士山位于高加索山脉，在俄罗斯和格鲁吉亚边境附近；完全位于欧洲的最高的山峰是阿尔卑斯山的勃朗峰，海拔4810米。

大洋洲：查亚峰，5029米。

南极洲：文森山，5140米。

山脉

有九个山脉的最高峰的高度超过6000米。按照最高峰的高度降序排列，它们分别是：喜马拉雅山脉、喀喇昆仑山脉、昆仑山脉、安第斯山脉、天山山脉、冈底斯山脉、兴都库什山脉、帕米尔山脉和唐古拉山脉。

各大洲最长的山脉按长度降序排列如下：

南美洲：安第斯山脉，6920千米。

北美洲：落基山脉，4500千米。

南极洲：横贯南极山脉，3500千米。

大洋洲：大分水岭，3000千米。

亚洲：天山山脉，2500千米。

非洲：阿特拉斯山脉，2400千米。

欧洲：乌拉尔山脉，2000千米。

撞击坑（陨石坑）

确定地球上撞击坑的大小是非常困难而且常常引起争议的一件事。风化和板块构造往往会抹去3亿年以上的撞击坑的大部分特征。

地球上最大的撞击坑

在太阳系形成的早期，在近地空间中飞驰的大型天体比现在多得多，其中任何一个天体与地球相撞都可能在地球表面留下有史以来最大的伤疤。（有意思的是，有一种关于月球形成的观点认为，月球是由地球与另一颗行星碰撞后喷出的物质形成的，而太平洋海盆则是撞击遗留下来的产物。）

就目前仍能探测到的撞击坑而言，位于墨西哥尤卡坦半岛下方、距今6500万年的希克苏鲁伯撞击坑是地球上最大的撞击坑之一，其直径估计为180~280千米。这个撞击坑是小行星撞击地球留下的"疤痕"，也被称为灰岩环。希克苏鲁伯撞击事件被认为是恐龙灭绝的原因之一。这颗小行星直径约19千米（相当于一座山那么宽），其撞击释放的能量约为一百万亿吨TNT当量（相当于数十亿颗原子弹同时爆炸）。

科学家在南非也发现了一个同样巨大的撞击"疤痕"——

产生于 20 亿年前的弗里德堡撞击坑。据估计，它的直径可能达到了 250~300 千米。

地球外的撞击坑

火星上的希腊盆地直径约 2000 千米。水星上的卡路里盆地直径约 1500 千米。

我们的生物圈

雨林

雨林是一个令人难以置信的地方，但很少有人可以就其惊人的事实和数据达成一致。环境保护运动组织、科学家和其他专家越来越多地对这些数据提出质疑——不过，毫无疑问，雨林是地球上最令人敬畏的地方之一。

生物量和生产力

地球表面只有 6% 的土地被雨林覆盖，但雨林中存在着 80% 以上的陆地植被或者说三分之一的所有植被。1 平方米的雨林可以支撑起 45~80 千克的生物量，每年产生 3.5 千克的净生物量增益。

生物量是某时刻在一定区域内发现的有机物的总质量。例如，1 公顷⊖亚马孙雨林的生物量等于把所有的木材、树叶、

⊖ 1 公顷 =0.01 平方千米 =10000 平方米。　——编者注

树根、种子、藤蔓、蔓生植物、动物、昆虫、苔藓、细菌、腐殖质等聚集在一起作为总体称重得到的质量。生物量可以用来衡量一种生态环境的生物生产力。

热带雨林破坏

关于雨林的实际破坏情况，目前还存在着巨大的争议，尤其是在亚马孙地区，一些人声称近几十年来伐木和土地清理的速度已经放缓。

根据自然资源保护论者的说法，雨林正在以以下速度消失：

- 每秒钟一个橄榄球场那么大的区域。
- 每分钟 30 公顷。
- 每天 43200 公顷。
- 每年 1580 万公顷。

小知识 雨林是地球上所有生态系统中生物多样性最丰富的系统。根据自然资源保护论者的说法，地球上 50%~90% 的物种生活在热带雨林中，但（雨林中）仍有多达 1 亿个物种身份不明。四分之一公顷的雨林可能包含 200 种树木和 4 万多种昆虫；在对单一树种的研究中，科学家发现了超过 600 种新的甲虫。

与此同时，我们每天都在失去多达 270 个物种——这是自上个冰河时代以来灭绝速度最快的一次（尽管这个数字仍然存在争议）。

荒漠化和土壤流失

土壤流失和可用耕地退化成半沙漠(土地沙漠化)是一个巨大的、不断加剧的全球性问题,特别是因为风或水所带走的土壤中的有机质含量是留下的土壤的1.3~5倍。

地球上土壤流失最严重的地区:中国,黄河中游的黄土高原。

每年因不可持续的耕作方式而被破坏和遗弃的可用耕地面积:600万~1200万公顷。

由于土壤流失已经失去的耕地面积:超过10亿公顷,相当于地球表面全部陆地的十二分之一。在过去的20年里,相当于美国所有可耕地面积的土地都消失了。

亚洲、非洲和南美洲的土壤流失率最高,平均每年每公顷土地流失30~40吨土壤,是美国的两倍。

海洋

全球共有四个大洋,即太平洋、大西洋、印度洋和北冰洋,也有一些国家和组织认为,南大洋应该成为一个独立的大洋。

四大洋

名字	面积/万平方千米	相邻的洲
太平洋	17968	美洲、大洋洲、亚洲、南极洲
大西洋	9336	美洲、非洲、欧洲、南极洲
印度洋	7492	非洲、亚洲、大洋洲、南极洲
北冰洋	1475	北美洲、亚洲、欧洲

尽管北冰洋是最小的大洋，只拥有地球上百分之一的海水，但它的含水量仍然比世界上所有淡水的总量多 25 倍。

最大深度

地球表面最深的地方是位于太平洋的马里亚纳海沟。它有 11034 米深——比珠穆朗玛峰的高度还要多 2000 多米。

波多黎各海沟的深度为 9219 米。加勒比海的最深点为 7680 米，而地中海的最深点在希腊南部，深度为 5121 米。

海洋的盐度

海洋中溶解了许多不同种类的盐。所有这些盐的固态总质量可达 5 亿亿吨。如果把它们从水里提取出来，铺在地球表面，它们将形成一个 154 米厚的盐层——相当于 40 层办公大楼的高度。

海洋的命运

随着太阳变老，它的亮度会逐渐增加，地球也会变热。在大约 5 亿年后，海洋将被加热到 60℃，而大气中的水分子数量将飞速增加。这些水分子将进入平流层，然后从那里进入外层大气和太空。大约 10 亿年后，海洋将蒸发殆尽。

最大的海啸！ 有记录以来出现的最大海啸所激起的海浪（由地震引起的潮汐波）比海平面足足高了 64 米（约 18 层楼高）。它于 1737 年袭击了西伯利亚东海岸的堪察加半岛。

浮游植物

据估计,全球每年会产生数百亿吨二氧化碳,这些二氧化碳大约三分之一被海洋浮游植物通过光合作用吸收。同时,海洋浮游植物生产了地球大气中 30%~40% 的氧气。

冰与海洋

南极洲的冰(约 3000 万立方千米)和大西洋的水一样多。

如果地球两极的冰全部融化,世界海平面将上升 150~180 米。结果就是,85%~90% 的地球表面将被水覆盖(目前的覆盖率是 70.9%)。在美国,会形成一个新的海洋,它将沿着密西西比河的河道,从五大湖一直延伸到墨西哥湾。

冰山

北极每年产生 1 万~5 万座冰山。冰山通常需要 4 年才能融化。

1956 年,人们在南太平洋水域发现了有史以来最大的冰山。它长 334 千米,宽 97 千米,大致相当于比利时的面积。

污染与海洋

人类每年向海洋中倾倒的垃圾量约 700 万吨。

一升废机油可污染多达 100 万升的饮用水。当埃克森·瓦尔迪兹号在阿拉斯加附近搁浅时,42676 吨的石油泄漏了(相当于 125 个奥林匹克标准游泳池的承水量)。史上最严重的油轮灾难发生在 1979 年 7 月 19 日,当时大西洋女皇号在多巴哥海岸与爱琴海船长号相撞，向海洋泄漏了约28万吨石油。

从1994年到1998年，海上救助人员从海洋中回收了700万吨石油、428750吨危险化学品和206136吨其他污染物。

河流、湖泊和瀑布

世界上最长的河流

河流名称	所在大洲	长度/千米
尼罗河（以卡盖拉河为源）	非洲	6671
亚马孙河（以乌卡亚利河为源）	南美洲	6480
长江（以沱沱河为源）	亚洲	6397
密西西比河（以密苏里河为源）	北美洲	6262
黄河（以约古宗列曲为源）	亚洲	5464

世界上最大的湖泊

湖泊名称	所在大洲	面积/平方千米
里海	亚洲－欧洲	371000
苏必利尔湖	北美洲	82400
维多利亚湖	非洲	69400
休伦湖	北美洲	59600
密歇根湖	北美洲	58000
坦噶尼喀湖	非洲	32900
贝加尔湖	亚洲	31500
大熊湖	北美洲	31080
马拉维湖	非洲	30800
大奴湖	北美洲	28600

贝加尔湖是世界上最深的湖，深度达到了 1637 米。它拥有世界五分之一的液态淡水储备。

世界上落差最大的瀑布

瀑布名称	位置	落差/米
安赫尔瀑布	委内瑞拉	979
图盖拉瀑布	南非	944
三姐妹瀑布	秘鲁	914
欧罗尤佩纳瀑布	美国	900
云比亚瀑布	秘鲁	896

可能的世界末日场景

现代文明被摧毁的方式似乎一天多过一天。以下是十个可能的世界末日场景，每一种都有风险评估等级。

生态崩溃

世界上许多地方面临着迫在眉睫的水危机，越来越多的水资源日益减少。争夺水资源的战争很可能在未来爆发。这场水危机还在加剧土壤流失和沙漠化等可怕问题。而世界各地许多土壤的盐碱化进一步恶化了这些问题。

然而，我们看到的这一切可能只是冰山的一角，地球还面临着严重恶化的污染、动植物栖息地破坏、海产过度捕捞和人口压力等问题。研究表明，全球生态系统可以承受一定程度的破坏而不产生急剧变化（维持正常运转），但一旦超过一定的阈值,它将不可避免地,而且是突然地崩溃。结果是什么?干旱、饥荒、疾病、灾难。

风险评估:7/10

第三次世界大战

世界范围内日益恶化的贫富差距可能导致大规模移徙,并将增加全球的不稳定性。随着大规模杀伤性武器在世界范围内的散布,世界末日般的对决(战争)可能会发生。

风险评估:6/10

气候变化

现在,全球正在变暖已被普遍接受。另一个鲜为人所知的风险是,因为驱动墨西哥湾流的极地海洋分流即将失效,现实版的冰河时代有可能到来。这可能是全球范围的,也可能是局部范围的。日益加剧的气候不稳定性可能导致气候灾难性恶化,从而增加以上场景发生的可能性。

风险评估:5/10

弗兰肯斯坦效应

随着科学技术的进步,科技可能会逐渐超出社会的控制,人类被自己的发明毁灭的概率越来越大。这些发明包括:纳米技术(微型机器可能不受控制地复制);全球性超级瘟疫(由耐抗生素的细菌、基因改良物种的基因泄露和生物战共同造成);有毒物质对食物链的污染;类似千年虫的电脑病毒让全世界的 IT 系统崩溃；来自手机和其他来源的电磁污染可能导致癌症；肥胖和糖尿病等文明疾病带来的螺旋式上升的影响。

随着科学家们深入研究宇宙的本质，甚至有可能引发他们无法控制的连锁反应。

风险评估：2/10

巨大的小行星或彗星撞击地球

这是最能预见和最流行的世界末日场景，但实际上可能并非如此。如果有足够的预警，从理论上讲，人类应该有足够的资源来保护自己，特别是随着技术的不断进步，这一威胁将会日益减小。

风险评估：1/10

大规模火山喷发

大规模火山喷发可能导致类似核冬天的效应，并伴有酸雨和毒化的海洋。

风险评估：低于 1/10

特大海啸

一个巨大的山体滑坡滑入海洋，可能会形成一个巨大的海浪圈，淹没沿海地区周围的每一座城市。一个典型的例子是加那利群岛，那里巨大的火山裂谷有可能将半个岛屿掀入大海，之后产生的海啸将淹没美国东海岸，也可能淹没欧洲西海岸，造成全球性的灾难。

风险评估：低于 1/10

臭氧层变薄

科学家们在对氟氯烃的禁令是否有效的问题上存在分歧。2003 年出现了史上最大的臭氧层空洞，而世界其他地方的臭氧层也可能在变薄，增加了人类暴露在紫外线照射下的可能性，导致皮肤癌的发病率飙升。如果情况变得更糟，地表生命可能无法存活。

风险评估：低于 1/10

宇宙级的灾难

一个四处游荡的黑洞，一个附近的超新星爆发，或者一个由某种尚不为人所知的机制产生的宇宙冲击波，都会给地球上的生命带来厄运，但这种可能性似乎不大。

风险评估：低于 1/10

磁极倒转

末日预言家的最爱。但即使磁极倒转有可能发生（目前还远不能确定），也不会对人类文明产生灾难性的影响。

风险评估：低于 1/10

生物

生物的分类

科学家们通常会根据一个层次系统或分类单元对生物进行分类。目前占主流地位的分类法是双名法,即林奈分类系统,以18世纪瑞典博物学家卡尔·冯·林奈的名字命名。如人类的主要分类单元为:

界	动物界				
门	脊索动物门				
亚门	脊椎动物亚门				
纲	哺乳纲	鱼纲	两栖纲	爬行纲	鸟纲
目	灵长目				
科	人科				
属	人属				
种	智人种				

物种

已命名且分类的物种总数:175万,其中昆虫超过100万种。

科学家认为的物种总数：约 870 万（±130 万）。

在所有出现过的物种中，已经灭绝的物种所占百分比：99%。

比大黄蜂小的物种所占物种总数百分比：99%。

林奈将生物只分为两个界——植物界和动物界。今天科学家们至少区分了五个不同的界，如下表所示。

界	结构组织	基本营养类型	物种（有机体）类型
原核生物界	小而简单的单细胞生物称为原核生物（细胞核不被细胞膜包裹）；一些呈现链状或者垫子状	异养/光能自养	细菌、蓝藻、支原体、衣原体等
原生生物界	相对较大的单细胞生物称为真核生物（细胞核被细胞膜包裹）；一些呈现链状或形成菌落	异养/光能自养	各种原生动物和藻类
真菌界	具有特化真核细胞的多细胞丝状形式	异养	酵母、霉菌、黑粉菌、菇类等
植物界	具有特化真核细胞的多细胞形态；没有自己的运动方式（无法自主运动）	光能自养	苔藓、蕨类、裸子植物和被子植物
动物界	具有特化真核细胞的多细胞形态；有自己的运动方式（可以自主运动）	异养	节肢动物、两栖动物、爬行动物、哺乳动物、鸟类和鱼类等

最大的生物

世界上最大的生物是植物或真菌菌落，实际上它们中的许多个体明显是彼此的克隆——共享相同的根系或者菌核。在美国马卢尔国家森林公园里,一种名为奥氏蜜环菌的真菌菌落生长在900公顷(相当于1260个足球场)的土地上。

美国犹他州沃萨奇山脉上生长着一片颤杨林,科学家们给它们起了个外号叫"Pando"(意为自我传播),它们所占面积超过40万平方米,总质量达到了6706吨。虽然它们看起来是一片森林,但所有的树实际上都来自同一个巨大的根系。

最古老的生物

如果把无性繁殖(克隆)也包括在内(例如上面刚刚提到的颤杨林),也就是从已经存在的植物或真菌上生长出基因完全相同的新生物个体,那么最古老的生物可能已经有数亿年的历史了。

最古老的无性繁殖生物是一棵名为"玛士撒拉"的狐尾松,它已经有4800多年的历史了,比目前发现的其他树要老约1000年。玛士撒拉生活在美国加利福尼亚州的怀特山脉。但是,它的准确位置是一个被严格保守的秘密。人们想以此保护它免受打扰。

植物之最

现存体积最大的树:谢尔曼将军——一棵巨大的红杉,它生长在美国加利福尼亚州红杉国家公园，高83.82米。

历史上体积最大的树：林塞溪树。它是一棵生长在美国加利福尼亚海岸的红杉，总体积为2549立方米，质量为3300吨。这棵树在1905年的一次风暴中被吹倒了。

有记录以来周长最大的树：一棵名为"百马树"的欧洲栗树，1780年在意大利西西里岛的埃特纳山上被发现，现在它被分成了三个独立存在的个体。

最长的根：在南非德兰士瓦省奥里赫斯塔德附近的回声洞穴里，生长着一棵野生无花果树（榕树属），其根深达120米。另外，冬黑麦——黑麦的一种，可以在0.051立方米的土壤中长出总长度达到623千米的根。

最大的种子：复椰子，也称海椰子，巨型扇叶棕榈的果实，重达25千克，它也是世界上最大的子房室。

最大的未分束叶子：最大的未分束的叶子要属马来西亚沙巴州的海芋，它的叶片呈卵状戟形。1966年发现的一个海芋叶子样本长3.02米，宽1.92米，表面积为3.17平方米。

生长最快的植物：毛竹每天能长91厘米，速度约为4厘米/小时。

最大的花：大王花是一种寄生植物，花色包括橙色、棕色和白色，它的直径可达91厘米，重达11千克。

最大的森林：俄罗斯北部的泰加林——一种针叶林，总面积达11亿公顷。

动物之最

最大的蜘蛛：巨人食鸟蛛。1965年，在委内瑞拉的里奥-卡维罗捕捉到的一只雄性蜘蛛腿长28厘米，和餐盘一样大。

最大的两栖动物：中国大鲵。在湖南省捕获的一个样本体长1.8米。

最大的鳄鱼：湾鳄。印度奥里萨邦野生动物保护区的一只湾鳄身长7米，是世界上最大的鳄鱼。

最长的蛇：网斑蟒——1912年在印度尼西亚西里伯斯拍摄记录的一个样本体长有10米。

最大的鱼类：鲸鲨——记录在案的最大的样本有12.65米长。

现存最大的鸟类 鸵鸟，平均高达2.7米，最重可达155千克。

最大的翼展：漂泊信天翁——从一个翼尖到另一个翼尖，它的翅膀展开最长可达3.7米。

有史以来最大的飞行生物：风神翼龙有11~12米的翼展。它们在七千万年前就灭绝了。

现存最大的陆地哺乳动物：雄性非洲丛林象。有记录以来最大的样本是1974年11月7日在安哥拉的穆库索拍摄到的，它的站立高度约为3.96米，质量超过12.2吨。

最高的哺乳动物：长颈鹿。有史以来最高的样本（英国切斯特动物园的"乔治"）有5.8米高。

最大的哺乳动物：蓝鲸可以长到35米长，重达132吨，这使它成为有史以来最大的动物。

声音最大的动物：蓝鲸，它发出的低频声音比喷气式飞机起飞时发出的声音还要大——可达188分贝。

最长寿的生物：灯塔水母，这种水母能通过反复的生殖和分化获得无限的寿命，理论上已经获得了"永生"。

速度纪录

鸟类：游隼，它在俯冲时的速度可以达到389千米/小时。陆地上奔跑速度最快的鸟是鸵鸟，其速度可达72千米/小时。

鱼类：旗鱼，记录到的最快速度为109千米/小时。

哺乳动物：猎豹能在短时间内以110千米/小时的速度奔跑，是陆地上短跑最快的动物。

（有记录的）飞行高度最高的鸟：1973年11月29日，一只鲁贝尔秃鹰在科特迪瓦的阿比让上空与一架商用飞机相撞，当时的高度为11300米。

速度最慢的哺乳动物：南美洲的三趾树懒，它的平均移动速度为 0.16 千米/小时。

危险的动物

导致人类死亡最多的动物（生物）可能是疟原虫。自石器时代以来，人类一半的自然死亡被认为是由疟原虫造成的。除了致病微生物外，最危险的动物可能是家蝇和蚊子，它们会传播痢疾和疟疾等疾病——最后，是人类自己。当然还有很多这里没有列出的危险动物。

最危险的小型动物

蜜蜂和黄蜂：它们可以引起过敏反应，由此杀死的人比其他任何小生物都多。

澳大利亚箱形水母：又称为海黄蜂，它是世界上最毒的生物，受到它的攻击会让人在30秒内死亡。

石头鱼：世界上最毒的鱼。广泛分布在印度洋和太平洋地区。它的背上至少有13根刺，如果人的脚踩到这些刺，它们就会向脚掌注射毒液。毒液可以使人很快中毒并一直处于剧烈的疼痛中，直到死亡。

悉尼漏斗网蜘蛛：虽然它毒液的毒性没有来自非洲南部的六眼沙蜘蛛那么毒，但漏斗网蜘蛛更为常见，也更具攻击性。

最危险的大型动物

像昆虫和蛇这样的小动物可能会杀死很多人,但人类在和动物一对一的情况下,大动物才是最危险的。以下是世界上最危险的三大动物:

非洲水牛:非洲水牛具有攻击性,它们非常强壮,速度非常快。在非洲,这些水牛每年可能会造成数百人的死亡。在水牛袭击经常发生的地区,由于袭击记录只有很少量被保存下来,所以确切死亡人数很难估计。

鳄鱼:尽管咸水鳄或河口鳄体型庞大且具有攻击性,但它们通常每年只造成1人死亡。尼罗河鳄鱼杀死的人类最多——可能一年超过100人。

北极熊:世界上最大的陆地食肉动物,北极熊特别危险,因为它会主动攻击人类。

人体

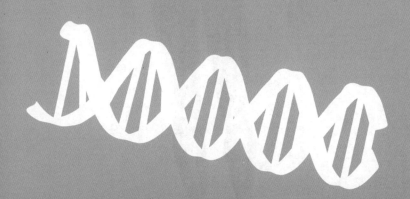

神奇的人体

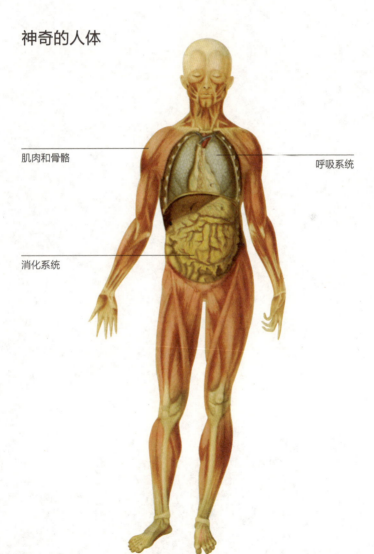

肌肉和骨骼

呼吸系统

消化系统

人体从生理功能来说，包括九个主要系统：

消化系统

处理食物以释放其中的营养物质供人体吸收。消化系统中容纳有产生人体所需重要营养物质的共生细菌，同时它还承担着处理毒素及废物残渣的功能。

主要组成包括：消化道和消化腺两大部分。

消化系统的长度：8米。

胃酸：酸性是食用醋的1600倍。

肠道细菌数量：1000万亿个。

人体全身的细胞数量：100万亿个。

人的一生中花费在饮食上的平均时间：5年。

食物从口腔到直肠的消化时间：14~24小时。

运动系统

负责身体的支撑和运动，并保护人体内部的其他器官系统。

主要组成包括：骨骼、关节和骨骼肌。

- 人体骨头的硬度和铁一样，但比铁轻三倍。
- 人体85%的热量是由肌肉收缩产生的。
- 用于咀嚼的下巴肌肉异常强壮，它甚至可以支撑整个人体的重量。
- 对于成年人，每年10%~30%的骨骼会得到补充或更新。
- 在两年内，人体中几乎所有的细胞都已经更新了一次——所以你已经完全不是两年前的你了。

神经系统

利用电化学途径控制和协调其他身体系统;测知环境变化,决定如何应付,并指示身体做出适当的反应;意识、欲望和情感的所在地。

主要组成包括:中枢神经系统和周围神经系统两部分。

呼吸系统

吸收氧气混入血液,排出无用的二氧化碳;帮助调节身体的温度和湿度;对声音、语言和嗅觉都很重要。

主要组成包括:肺、气管、支气管、咽喉、鼻子。

循环系统

使血液在体内循环,将氧气输送到组织并清除废物并帮

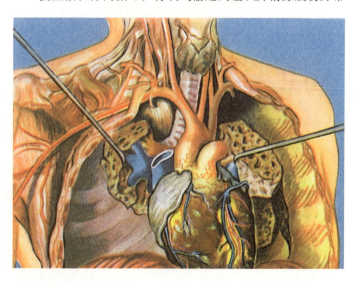

助修复伤口。

主要组成包括：心脏、血管和血液。

- 对于男性，循环系统中包含有大约 6～7 升血液；对于女性，循环系统中包含有大约 5～6 升血液。
- 一滴血液包含超过 2.5 亿个细胞。
- 平均来说，每个成年人的红细胞的表面积总和约为 3800 平方米，足够覆盖 5 个网球场。
- 红细胞的平均寿命只有 120 天，在此期间，红细胞会在体内循环运动约 483 千米。

免疫系统

预防各种对人体健康的威胁；帮助处理废物及维持组织内的体液平衡。

主要组成包括：淋巴管及淋巴结、免疫细胞、脾脏、胸腺、骨髓。

内分泌系统

荷尔蒙控制和协调系统；负责人体成长周期；调节情绪和感觉；参与消化、生殖、免疫功能，产生母乳，调节体温。

主要组成包括：下丘脑、脑下垂体、胸腺、胰腺、肝脏、肾上腺、乳腺、性器官、汗腺。

泌尿系统

处理代谢废物，保持体液平衡。

主要组成包括：肾脏、膀胱、尿道和输尿管。

- 肾脏每天要处理大约 150 升的液体并产生一升尿液。
- 肾脏每天处理的体液是自身重量的 600 倍。
- 一般来说，一个红细胞一天要通过肾脏 360 次。
- 身体供应的全部血液大约每四分钟就通过肾脏一次。
- 大约 30% 的人有副肾动脉——一种向肾脏供血的额外动脉。
- 对于一个正常的成年人来说，膀胱的平均容量为 320 毫升。当膀胱容纳尿液量达到 280 毫升时，就会产生排尿冲动；超过 500 毫升时会引起疼痛和强烈的立即排尿欲望。
- 尿的颜色来自一种叫作尿色素的含氮色素。

生殖系统

产生和传递配子（生殖细胞）；提供场所孕育胎儿 / 胚胎。

主要组成包括：睾丸 / 卵巢、阴茎 / 阴道、前列腺 / 子宫、生殖道。

- 一个女性胎儿的原始卵巢里有 700 万个卵母细胞。到她进入青春期时，仍然存活的卵母细胞只有 40 万，其他的卵母细胞都已死去。
- 男性单次射精包含 2 亿个精子。
- 人类精子离开阴茎的速度是每秒 8000 个精子长度，相当于人类以 55000 千米 / 小时的速度游泳。
- 如果以与身体大小成比例为标准的话，与其他灵长类动物相比，人类的阴茎要长得多。

DNA 和人类基因组

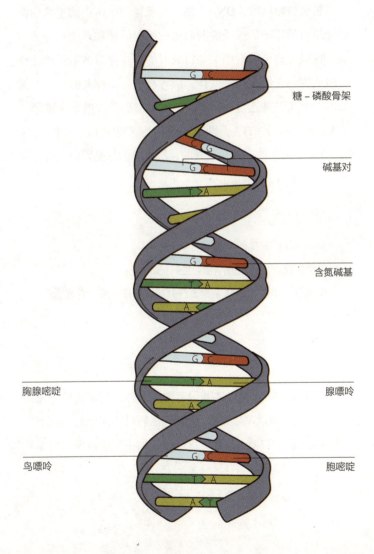

DNA 的结构

脱氧核糖核酸（DNA）的结构就像一个由中间连接的两条链组成的梯子。梯子的两侧由一串串的糖和磷酸盐分子构成。梯级（梯子的横档）是由成对的，被称为碱基对的化合物组成的。它们有四种变体，两种小的，两种大的。每个梯级由一个大碱基连接一个小碱基组成。两个大碱基是腺嘌呤（A）和鸟嘌呤（G）；两个小碱基是胞嘧啶（C）和胸腺嘧啶（T）。碱基的形状是互补的，所以它们总是以固定的方式连接，即 A–T、C–G。

DNA 的尺寸

DNA 分子的宽度：二百亿分之一厘米。

单个细胞中 DNA 的总长度：0.91 米。

如果将人体内的 DNA 全部展开并首尾相接，那么它相当于日地距离的 600 多倍。

比较基因组

基因组是构成有机体基因蓝图的总称。随着遗传学家对越来越多生物的基因组进行研究，他们对不同生物的相对大小和构造复杂性以及人类的基因在其他生物中出现的数量有了一些惊人的发现。

人类基因组的基因数量：约 2 万个。

果蝇基因组的基因数量：约 1.3 万个。

人类基因组与其他生物的相似度：

 狗：85%。

 黑猩猩：98%（高于猩猩和大猩猩）。

人类基因组长度：30 亿个碱基对。

蝾螈基因组长度：600 亿个碱基对。

野百合基因组长度：1000 亿个碱基对。

人类基因组计划

人类基因组计划是一个国际合作项目，旨在确定人类基因组的 30 亿个 DNA 碱基对的完整序列，并识别所有的人类基因，使这些基因可用于生物学研究。该计划还包含了对其他几种生物的基因组测序，它们将被用来与人类基因作比较。

克隆

克隆体是在基因上与另一个有机体相同的有机体。同卵双生是自然意义上的克隆，就像草莓也会通过派出"逃跑者"繁殖一样（草莓植株会伸出枝丫直接产生新的个体）。克隆是通过人工手段创造一个克隆体（通常是动物克隆）的过程。

克隆大事记

有关克隆的发展进程,请参见下表。它包含了从一百多年前的初步尝试到20世纪的重大突破。

年份	事件	被创造的有机体
1891	第一个人工克隆出的动物	海胆,由汉斯·德里希在意大利那不勒斯创造
1902	第一个人工克隆出的脊椎动物	火蜥蜴,由汉斯·斯伯曼在德国维尔茨堡创造
1952	第一个使用细胞核移植技术的克隆	青蛙,由罗伯特·布里格斯团队在美国费城创造
1996	第一个来自成年动物体细胞的克隆	多利羊,在英国苏格兰罗斯林研究所完成
2001	第一个人工克隆宠物	虎斑猫,在美国通过遗传学储存和克隆
2017	第一个非人灵长类动物的体细胞克隆	克隆猴"中中",由中国科学院脑科学与智能技术卓越创新中心完成

人体内的骨骼

骨骼总数:新生儿有300多块骨骼,但其中很多在之后会融合在一起;成年人平均有206块骨骼。

最长的骨骼:股骨(占体长的四分之一)。

最短的骨骼:镫骨(中耳听小骨),长0.25厘米。

人 体

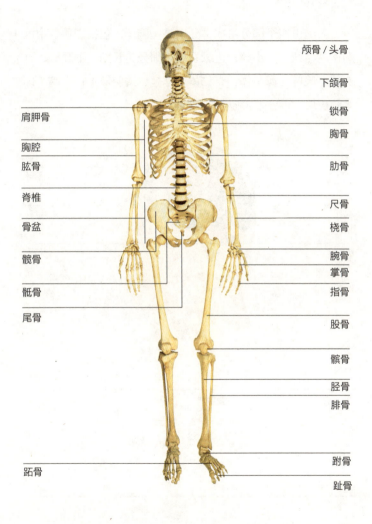

- 颅骨/头骨
- 下颌骨
- 肩胛骨
- 锁骨
- 胸骨
- 胸腔
- 肱骨
- 肋骨
- 脊椎
- 骨盆
- 尺骨
- 桡骨
- 髋骨
- 腕骨
- 掌骨
- 骶骨
- 指骨
- 尾骨
- 股骨
- 髌骨
- 胫骨
- 腓骨
- 跗骨
- 跖骨
- 趾骨

人类的大脑

人脑由四个部分组成,分别是:脑干(包括髓质、中脑和网状系统);小脑;边缘系统(细分为丘脑、下丘脑、乳头体、嗅叶、海马体、杏仁体、穹窿、透明隔);大脑(即大脑皮层,再分为大脑半球和脑叶)。

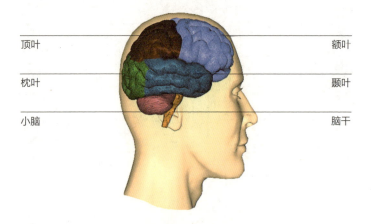

顶叶　　　　　　　　　　　　　　　　　　　　额叶
枕叶　　　　　　　　　　　　　　　　　　　　颞叶
小脑　　　　　　　　　　　　　　　　　　　　脑干

脑叶名称	主要功能
顶叶	感觉、味觉、触觉
额叶	运动、决策、情绪、语言
枕叶	视觉
颞叶	听觉

大脑的统计参量(数据针对一般的大脑)

人脑质量:1.3千克。

象脑质量:6千克。

猫脑质量:30克。

人类大脑皮层展开的表面积:约2200平方厘米。

人类大脑中的神经元(神经细胞)数量:1000亿个。

章鱼大脑的神经元数量:5亿个。

人类大脑神经元之间的连接数量:100万亿个(比亚马孙雨林中树叶的数量还多)。

成人脑细胞平均损失率:每天10万个。

在生命过程中大脑损失的比例:7%。

神经冲动传导的最大速度:320千米/小时。

从理论上讲,人类大脑能储存的数据(神经细胞作不同连接的可能数目)比宇宙中的原子还多。

超级感官

听觉

人类的听觉范围:20~20000赫兹。

鸽子的听觉下限:0.1赫兹。

大象的听觉范围:1~20000赫兹。

老鼠的听觉范围:1000~100000赫兹。

夜蛾的听觉范围:1000~240000赫兹。

蝙蝠的听觉上限：250000赫兹。

蝙蝠听觉的最高分辨率（回声定位）：0.25毫米（一根头发的宽度）。

噪声痛阈：130分贝。

噪声损伤阈值：90分贝。

安静房间晚上的噪声：20分贝。

普通通话噪声：60分贝。

酒吧/餐厅的噪声：90分贝。

典型街道工程的噪声：110分贝。

味觉

基本味觉：咸、甜、酸、苦。

人的味蕾（包括舌头、上颚、脸颊）数量：10000个。人类的舌头可以尝出1茶匙糖溶化在9升水里的味道。

猪的味蕾数量：15000个。

兔的味蕾数量：17000个。

鲶鱼的味蕾数量：27000个。

嗅觉

人类嗅觉受体细胞数量：约500万个。

平均每个人能识别的不同气味的数量：超过10000种。

蚕能探测到另一只蚕的距离：11千米。

蚕能探测到的信息素浓度：每10^{17}个空气分子中有1个信息素分子。

警犬可以追踪的气味痕迹的时长:4天。警犬鼻子里的嗅觉薄膜面积比人类的大50倍,灵敏100万倍。

视觉

人类视网膜上的感光细胞数量:1.25亿个。

人类视网膜感光细胞的最大密度:20万个/平方毫米。

强光下的闪光融合频率⊖:60赫兹。

微弱光线下的闪光融合频率:24赫兹。

运动物体的闪光融合频率:300赫兹。

人类视觉的最大分辨率:100微米。

豆粉蝶视觉的最大分辨率:30微米。

在理想条件(即完全黑暗)下,人眼能探测到一根蜡烛的极限距离:48千米。

猎鹰能看到10厘米物体的距离:1500米。

秃鹰能发现老鼠的高度:4600米。

可见光谱:390~780纳米。

触觉

人类手上的触觉感受器数量:约17000个。星鼻鼹鼠鼻子里的触觉感受器数量是人手的6倍。

人类面部可以感受到的蜜蜂翅膀掉落的高度:1厘米。

人类皮肤可以感受到的温度变化:1℃。

⊖ 能引起闪光融合感觉(连续光感)的刺激的最小频率。 ——译者注

人类死亡的主要原因

原因	平均每年死亡总数 / 千人
心脏病	7181
中风	5454
下呼吸道感染	3871
艾滋病	2866
慢性阻塞性肺炎	2672
腹泻	2001
肺结核	1644
气管、支气管、肺癌	1213
道路交通事故	1194
疟疾	1124
高血压	874
其他意外伤害	874
胃癌	850
自杀	849
肝硬化	796
麻疹	745
肾脏疾病	625
肝癌	616
结肠癌 / 直肠癌	615

人类文明

伟大的工程成就

基于美国国家工程院对 60 个工程学会进行的一项调查,下表列出了 20 世纪最伟大的 20 项工程成就。

排名	成就	排名	成就
1	电气化	11	高速公路
2	汽车	12	航天飞行器
3	飞机	13	互联网
4	供配水	14	影像技术
5	电子产品	15	家用电器
6	广播和电视	16	卫生(健康)技术
7	农业机械化	17	石油石化技术
8	计算机	18	激光和光纤
9	电话	19	核技术
10	空调和冰箱	20	高性能材料

世界上最大的水坝

水坝主要有两种基本类型。重力坝利用材料的自身重量来阻挡后面的水,而拱坝则利用拱的作用将水的压力重新导向山谷的两侧。

世界上有超过 40000 座大型水坝(定义为高度超过 15 米的水坝)和 800000 座小型水坝。它们生产了全世界 19% 的电力，灌溉了全世界 16% 的农田。

中国三峡大坝

三峡大坝是世界上最大的水利枢纽工程。大坝建设过程中，人口迁移总数大约为 140 万人。建成后的水库面积达到 1084 平方千米。

建成时间：2006 年。

长度：2335 米。

高度：185 米。

水库容量：393 亿立方米。

总装机容量：2250 万千瓦。

巴西/巴拉圭伊泰普大坝

三峡大坝建成前世界上最大的水利枢纽工程。

建成时间：1991 年。

水库容量：290 亿立方米。

总装机容量：1400 万千瓦。

小知识 世界上最高的水坝之一是瑞士的韦尔扎斯卡水坝（完工于 1965 年），在一次惊人的蹦极特技表演后，它就闻名于世了，成为蹦极爱好者的"圣地"。1995 年，詹姆斯·邦德电影《黄金眼》的片头就出现了这次蹦极。特技演员韦恩·迈克尔斯从水坝正面跳下 228.6 米，创下了从固定物体上蹦极的世界纪录。据一项全球民意调查显示，这里是电影史上最好的特技拍摄点。

世界上最长的大桥

截至 2019 年,世界上最长的大桥为丹昆特大桥。大桥为京沪高速铁路丹阳至昆山段,全长约 165 千米,2011 年全线正式投入使用。

世界上最高的建筑

如果一个建筑拥有用于人类居住办公这一职能,那么它的高度被定义为从地面——在主入口——到建筑的结构顶点。这包括尖塔,但不包括电视天线、无线电天线或旗杆。截至 2019 年,世界上最高的建筑是迪拜的哈里法塔,高 828 米。下面列出了世界上几个著名的建筑:

建筑名称和位置	高度/米	楼层数/层	建成时间(年)
上海中心大厦　上海,中国	632	128	2016
世贸中心一号大楼　纽约,美国	541	103	2014
吉隆坡双子星塔　吉隆坡,马来西亚	452	88	1998
威利斯大厦　芝加哥,美国	442	110	1974
金茂大厦　上海,中国	421	88	1999

小知识　仅仅 14 个月,帝国大厦就从图纸变成了成品。工地上曾一度有 3500 名工人,使这座建筑以飞快的速度拔地而起。

人类文明

过去的纪录保持者

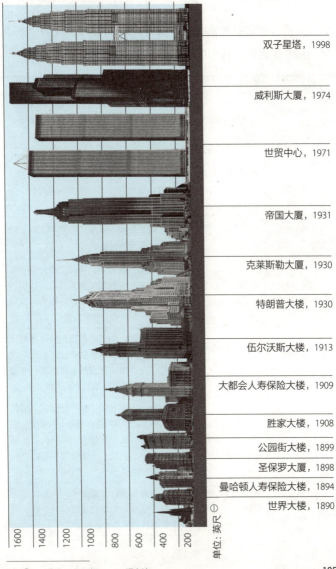

- 双子星塔，1998
- 威利斯大厦，1974
- 世贸中心，1971
- 帝国大厦，1931
- 克莱斯勒大厦，1930
- 特朗普大楼，1930
- 伍尔沃斯大楼，1913
- 大都会人寿保险大楼，1909
- 胜家大楼，1908
- 公园街大楼，1899
- 圣保罗大厦，1898
- 曼哈顿人寿保险大楼，1894
- 世界大楼，1890

单位：英尺①

① 1英尺=0.305米。——译者注

文明的时间轴

下表所示的时间轴展示了从古代到 21 世纪初世界文明发展的重要里程碑,其中的时间为大致年份。

时间(年)	时期	发展
公元前 4300—公元前 2371	苏美尔文明	不朽的雕塑和建筑,美索不达米亚的壁画和饰带;最早记录下来的音乐;写作的出现
公元前 3500—公元前 1500	尼罗河文明和印度河文明	埃及的雕塑和建筑(金字塔、狮身人面像),壁画和壁饰,竖琴和长笛;吉尔伽美什史诗;印度吠陀时代(宗教史诗作品)
公元前 2000—公元前 1100	爱琴文明;中国处于商朝	复杂的绘画、音乐、舞蹈和工匠;华夏文明开始兴盛
公元前 1100—公元前 800	荷马时代;中国处于周朝	亚述建筑和壁画;荷马史诗;黑彩陶器;多利克柱式(建筑风格);伊特鲁里亚的壁画和青铜器;毕达哥拉斯引入八度音阶;中国五经
公元前 800—公元前 300	古风时代和古典时代;中国处于春秋战国时期	红彩陶器;埃尔金石雕;雅典卫城,帕特农神庙;爱奥尼亚柱式(建筑风格);喜剧与悲剧艺术的出现;印度的佛教艺术和文学;中国古典哲学
公元前 300—公元前 30	希腊化时代;罗马共和国;中国处于秦汉时期	亚历山大图书馆;科林斯柱式(建筑风格);奥林匹克运动会;马赛克(建筑装饰手法)和壁画;罗马的万神殿和圆形大剧场;《薄伽梵歌》;中国的儒家经典
公元前 30—公元 500	罗马帝国;基督教;中国处于东汉、三国两晋南北朝	工艺和珠宝;书籍装饰;拜占庭的绘画和壁画;圣歌和教堂合唱乐曲;中国道教和佛教艺术和文学

(续)

时间（年）	时期	发展
公元 500—1000	欧洲处于黑暗时代；拜占庭帝国；伊斯兰文明崛起；中国处于隋朝和唐朝	罗马式建筑；书籍装饰；和弦音乐；《古兰经》；早期的伊斯兰建筑（圆顶清真寺）；印度的穆斯林艺术和本土文学；中国通俗文学；日本奈良文学
公元 1000—1400	欧洲处于中世纪后期；中国处于宋朝；日本处于平安、镰仓时代；西非的曼丁哥人崛起	哥特式建筑，花窗玻璃；乔托壁画；意大利诗人与作家彼特拉克、薄伽丘、乔叟、但丁；游吟诗人的音乐，民谣，传奇；中国的诗文革新运动；日本的《源氏物语》和镰仓诗歌；非洲曼丁哥文化达到高峰
公元 1400—1600	文艺复兴时期；印度的莫卧儿帝国早期；日本的室町时代；非洲的桑海和贝宁地区文明崛起	《古腾堡圣经》；塞万提斯、莎士比亚；透视在艺术中的运用；达·芬奇、米开朗琪罗、杜勒、拉斐尔、提香；在意大利盛行的矫饰主义；印度的巴克提运动；日本能剧；非洲桑海和贝宁文化达到高峰（青铜作品）
公元 1550—1700	欧洲巴洛克风格盛行；中国处于明清；日本处于江户时代	巴洛克风格；卡拉瓦乔、普桑、伦勃朗；蒙特威尔第、维瓦尔第、巴赫、亨德尔；歌剧和芭蕾舞的开始，戏剧中出现第一个女性；京剧；日本的歌舞伎和浮世绘
公元 1700—1800	洛可可风格和新古典主义在欧洲盛行；印度处于殖民地时期	新古典主义和洛可可风格；启蒙文学；伏尔泰、卢梭；戈雅；海顿、莫扎特
公元 1800—1850	浪漫主义在欧洲盛行	弗里德里希；拜伦、华兹华斯、雪莱、柯勒律治、雨果；贝多芬、肖邦；摄影的诞生；中国桐城派兴盛时期

（续）

时间（年）	时期	发展
公元 1850—1900	晚期浪漫主义，现实主义和印象派崛起；日本处于明治时代；非洲处于殖民地时期	哥特复兴，拉斐尔前派，工艺美术，新艺术运动；梵高、莫奈、雷诺阿、罗丹、塞尚；威尔第、瓦格纳、柴可夫斯基；惠特曼、爱默生、陀思妥耶夫斯基、托尔斯泰、狄更斯、康拉德；第一间高级定制时装屋；电影的诞生；摩天大楼的诞生；拉格泰姆音乐的诞生；明治文学
公元 1900—1920	现代主义，表现主义，立体主义，抽象艺术	野兽主义，达达主义；毕加索（蓝色、玫瑰和立体主义时期）、马蒂斯、杜尚、康定斯基；乔伊斯、布卢姆茨伯里派、弗吉尼亚·伍尔夫；科幻小说兴起；体验派表演方法；好莱坞的诞生，格里菲斯的《一个国家的诞生》，卓别林；德彪西、马勒、斯特拉文斯基的《火鸟》；第一张流行音乐图表；爵士乐；现代舞（伊莎多拉·邓肯）；可可·香奈儿
公元 1920—1930	爵士时代	超现实主义，新造型主义，包豪斯；萨尔瓦多·达利；哈莱姆文艺复兴；沃尔特·迪士尼，爱森斯坦《战舰波将金号》，第一部有声电影《爵士歌手》；第一次商业广播，电视的发明；路易斯·阿姆斯特朗、杰利·罗尔·莫顿；拉威尔的《波莱罗舞曲》，格什温的《蓝色狂想曲》
公元 1930—1940	经济大萧条时期	毕加索《格尔尼卡》；卡蒂埃-布列松；好莱坞黄金时代，《乱世佳人》《绿野仙踪》；英国广播公司（BBC）第一次电视服务，威尔斯的《世界大战》；平装书的引进；摇摆爵士，艾灵顿公爵

人类文明

(续)

时间（年）	时期	发展
公元 1940—1950	战后时期	抽象表现主义，亨利·摩尔；海明威的《丧钟为谁而鸣》，田纳西·威廉斯的《欲望号街车》；黑色电影；威尔斯的《公民凯恩》，意大利新现实主义；布里顿的《彼得·格莱姆斯》、罗杰斯和哈默斯坦的《俄克拉荷马》；迪奥的"新风貌"款式
公元 1950—1960	摇滚时代	行为绘画，杰克逊·波洛克，色域绘画，罗斯科；文学派别"愤怒的青年"，约翰·奥斯本，金斯利·艾米斯，威廉·戈尔丁的《蝇王》；《花花公子》杂志；摇滚乐的诞生，第一个摇滚明星：猫王，伯恩斯坦的《西区故事》，辛纳特拉的《与我共舞》；电视节目越来越受欢迎
公元 1960—1970	摇摆的六十年代	波普艺术，欧普艺术；沃霍尔，利希滕斯坦，布丽姬特·莱利；《惊魂记》《音乐之声》《午夜牛郎》、"法国电影新浪潮"；《芝麻街》；菲利普·罗斯；《滚石》杂志；自由爵士（科尔特兰），披头士狂热，伍德斯托克音乐节，鲍勃·迪伦，滚石乐队，摩登派；皮尔·卡丹——第一许可证，第一成衣系列，迷你裙，卡尔文·克莱恩，拉尔夫·劳伦
公元 1970—1980	后现代时期	后现代主义；新好莱坞（白银时代）——斯科塞斯，科波拉，轰动一时的电影——卢卡斯《星球大战》，斯皮尔伯格《大白鲨》；金属乐，迪斯科，雷鬼音乐，朋克，斯卡；碰撞乐队，菲利普·格拉斯；阿玛尼，维维安·韦斯特伍德

109

(续)

时间(年)	时期	发展
公元1980—1990	过剩时代	好莱坞商业化和高概念电影出现;施瓦辛格,汤姆·克鲁斯;萨曼·拉什迪;流行、饶舌、嘻哈、迷幻、印第、世界音乐,迈克尔·杰克逊《惊悚》,麦当娜;音乐剧《猫》;日本时装(三宅一生,高田贤三,川久保玲),唐纳·凯伦针织衫,范思哲
公元1990—2000	多元化时代	仿生建筑;达米恩·赫斯特;独立电影,昆汀·塔伦蒂诺,《黑客帝国》;《急诊室的故事》《老友记》,真人秀;垃圾摇滚,新金属;约翰·加利亚诺,亚历山大·麦昆
公元2000—	后千禧时代	互联网与网络文化;奥普拉读书俱乐部,哈利波特,《指环王》三部曲;宝莱坞在产量上超过了好莱坞;当代伊朗电影

世界七大奇迹

传统上,世界七大奇迹是公元前5世纪希罗多德所描述的古代文明奇迹。这个名单后来被中世纪的作家使用和标准化。

名称	建造时间	建筑的最终命运
胡夫金字塔(埃及)	约公元前2800—公元前2500年	世界七大奇迹中最古老的,也是唯一幸存下来的建筑。在其建成后的3800多年中,胡夫金字塔一直是世界上最高的建筑

（续）

名称	建造时间	建筑的最终命运
巴比伦空中花园	公元前 6 世纪	幼发拉底河河东的类似于梯田形的花园建筑。相传由尼布甲尼撒二世建造，现已不存在
小亚细亚以弗所的阿耳忒弥斯神庙（现在土耳其境内）	约公元前 550 年	纪念狩猎和月亮女神的大理石寺庙。在公元前 356 年被焚毁后重建，但在公元 3 世纪再次被哥特人摧毁。如今能看到的只有一根被重新竖立起来的柱子
位于奥林匹亚的宙斯神像	约公元前 5 世纪	希腊主神宙斯的木制雕像，高 12 米，其上覆盖着黄金和象牙材料。由雅典雕刻家菲迪亚斯设计。公元 475 年毁于火灾
小亚细亚哈利卡纳苏斯的摩索拉斯陵墓（现位于土耳其博德鲁姆）	公元前 4 世纪	古希腊城邦哈利卡纳苏斯总督摩索拉斯的陵墓，在 15 世纪的一次地震中被摧毁
罗得岛太阳神巨像	公元前 282 年	太阳神赫利俄斯的一座 32 米高的青铜雕像。雕像仅仅存在了不到一个世纪。在公元前 226 年的一次地震中雕像被摧毁
亚历山大灯塔	约公元前 281 年	世界上已知的第一个灯塔。它位于埃及亚历山大港入口处，高 122 米。最终灯塔在 1503 年和 1532 年的两次地震中被摧毁

小知识 历史上，第一次提到七大奇迹的人是古希腊的希罗多德，后来其他希腊作家，包括卡利马科斯（公元前 305 年—公元前 240 年，亚历山大图书馆的馆长）也曾提到七大奇迹。

事实上，这份权威的名单忽略了古代世界的很多著名奇迹，这些奇迹或属于其他文化，或在不同的历史时期建造，又或者是古希腊和古罗马的作家们根本没有见过或听过的。所以一个更全面、更综合的名单，也许应该考虑将以下建筑包含在内：

> 埃及的阿布辛贝神庙，
> 柬埔寨的吴哥窟，
> 墨西哥特诺奇蒂特兰（墨西哥城）的阿兹特克大神庙，
> 菲律宾的巴纳韦水稻梯田，
> 印度尼西亚的婆罗浮屠寺庙，
> 意大利的罗马竞技场，
> 中国的长城，
> 秘鲁的马丘比丘古城，
> 危地马拉北部提卡尔的玛雅神庙，
> 智利拉帕努伊（复活节岛）的摩艾雕像，
> 伊朗波斯波利斯的百柱王座大厅，
> 希腊雅典的帕特农神庙，
> 约旦的佩特拉古城，
> 缅甸的仰光大金塔，
> 英格兰的巨石阵，
> 印度阿格拉的泰姬陵，
> 墨西哥帕伦克的碑铭神庙。

工业时代的七大奇迹

据英国广播公司（BBC）报道，工业时代的七大奇迹包括：巨型游轮大东方号、太平洋铁路、伦敦下水道、贝尔灯塔、布鲁克林大桥、巴拿马运河和胡佛水坝。

现代世界七大工程奇迹

根据美国土木工程师协会的说法，现代世界七大工程奇迹分别是：帝国大厦、伊泰普大坝（巴西/巴拉圭）、西恩塔（加拿大国家电视塔）、巴拿马运河、英吉利海峡隧道、北海保护工程（包括荷兰的须德海水坝和欧斯海尔德堤防）和金门大桥。

伟大的发明

这里列出的大多数发明都因其对社会和科学的重大影响而入选。

名称	时间（年）	地点	发明人
青铜	约公元前3500	新月沃土	苏美尔人
轮子	约公元前3500	新月沃土	苏美尔人
文字	约公元前3000	新月沃土	苏美尔人
现代排水系统	约公元前2500	印度河谷	摩亨佐·达罗古城
铁器	约公元前2000	土耳其	赫梯人
玻璃	约公元前2500	埃及	古埃及人

（续）

名称	时间（年）	地点	发明人
指南针	约公元前100（可能更早）	中国	尚无定论
造纸术	公元105	中国	蔡伦
活字印刷术	公元1041	中国	毕昇
机械时钟	公元1088	中国	苏颂
铅活字印刷机	公元1440	德国	约翰内斯·谷登堡
显微镜	公元1590	荷兰	亚斯·詹森
望远镜	公元1608（第一个被记录的专利）	荷兰	汉斯·利珀希
机械计算器	公元1642（第一个模型机）	法国	布莱兹·帕斯卡
蒸汽机	公元1712	英国	托马斯·纽科门
珍妮纺纱机	公元1764	英国	詹姆斯·哈格里夫斯
疫苗接种（天花）	公元1796	英国	爱德华·詹纳
热气球	公元1783	法国	孟格菲兄弟
蒸汽机车	公元1814	英国	乔治·斯蒂芬森
摄影术	公元1826	法国	约瑟夫·尼普斯
发电机	公元1831	英国	迈克尔·法拉第
分析机	公元1834	英国	查尔斯·巴贝奇
电报	公元1837	美国/英国	塞缪尔·莫尔斯/查尔斯·惠斯通
安全别针	公元1849	美国	沃尔特·亨特
达纳炸药	公元1866	瑞典	阿尔弗雷德·诺贝尔
电话	公元1876	英国	亚历山大·格拉汉姆·贝尔（尚存争议）

（续）

名称	时间（年）	地点	发明人
电灯泡	公元1878	英国	约瑟夫·斯旺
活动摄像机	公元1891	美国	托马斯·爱迪生
无线电报	公元1894	意大利	古列尔莫·马可尼
飞机	公元1903	美国	莱特兄弟
喷气发动机	公元1930	英国	弗兰克·惠特尔
电视	公元1925	英国	约翰·洛吉·贝尔德（尚存争议）
尼龙	公元1938	美国	华莱士·卡罗瑟斯
无线寻呼机	公元1949	加拿大	艾尔弗雷德·格罗斯
微处理器	公元1971	美国	特德·霍夫
互联网（阿帕网络）	公元1969	美国	美国国防部
个人电脑（Altair）	公元1974	美国	微仪系统家用电子公司
巴基球（又名富勒烯，一种新形式的碳）	公元1985	美国和英国	小罗伯特·库尔、哈罗德·克罗托、理查德·斯莫利
高温超导体	公元1986	瑞士	乔治·贝德诺兹和亚历克斯·穆勒
发条式收音机	公元1993	英国	特雷弗·贝利斯
扫地机器人	公元2002	美国	iRobot公司
纳米发动机（原子-电子发动机）	公元2003	美国	亚历克斯·泽特尔

速度纪录

陆地

汽车的陆上速度纪录：1997年10月15日，安迪·格林在美国内华达州的黑岩沙漠凭借"超音速推进号"创造了1227.99千米/小时的纪录。

摩托车的陆上速度纪录：2010年洛基·罗宾森驾驶"攻击者"摩托车在美国犹他州的博纳维尔盐滩跑出了606千米/小时的纪录。

世界上速度最快的量产汽车：由瑞典柯尼塞格公司设计和生产的量产超跑——柯尼塞格One-1，被誉为世界上跑得最快的量产车，其最高时速可达458千米/小时。

最快的轨道交通工具：无人火箭雪橇，速度达到了10300千米/小时，于2003年4月30日在美国完成。

水上

最快的水上速度：511千米/小时；在1978年10月8日，由肯·沃比驾驶"澳大利亚精神号"快艇在澳大利亚新南威尔士州的布洛韦灵大坝创造。

天空

最快的火箭飞机：由美国制造的火箭飞机X-15-2在1967年通过高空俯冲创造，速度达到了7327千米/小时。

最快的载客飞机:协和式飞机的最高速度是2333千米/小时。这种飞机在2003年完成了它的最后一次飞行。

小知识 追求水上速度纪录可能是世界上最危险的活动。在最近的三名纪录保持者中,有两人死于快艇事故。

常用知识

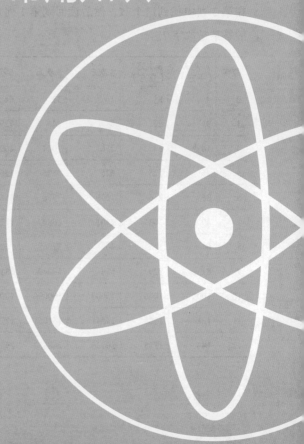

平方根和立方根

想要求根,先在适当的列中找到需要求根的数字,然后读回到第一列(最左边)。例如,要查找343的立方根,先在第3列中找到这个数,然后读回到第1列,于是我们得到的答案是数字7。

数字	2次方（平方）	3次方（立方）	4次方	5次方	6次方	7次方
2	4	8	16	32	64	128
3	9	27	81	243	729	2187
4	16	64	256	1024	4096	16384
5	25	125	625	3125	15625	78125
6	36	216	1296	7776	46656	279936
7	49	343	2401	16807	117649	823543
8	64	512	4096	32768	262144	2097152
9	81	729	6561	59049	531441	4782969
10	100	1000	10000	100000	1000000	10000000
11	121	1331	14641	161051	1771561	19487171
12	144	1728	20736	248832	2985984	35831808

基本几何公式

面积

正方形面积 = a^2 长方形面积 = lw 平行四边形面积 = bh

圆面积 = πr^2 三角形面积 = $\frac{1}{2}bh$

体积

  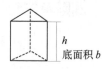

正方体体积 = a^3 长方体体积 = lwh 三棱柱体积 = bh

三棱锥体积 = $\frac{1}{3}bh$ 球体体积 = $\frac{4}{3}\pi r^3$ 圆柱体积 = $\pi r^2 h$

表面积

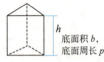

正方体表面积 $= 6a^2$

球体表面积 $= 4\pi r^2$

三棱柱表面积 $= 2b + ph$

圆柱表面积 $= 2\pi rh + 2\pi r^2$

小知识 π 代表一个无限不循环的数,它等于圆的周长除以直径。这里给出它到 100 位小数精度的数值:

3.1415926535 8979323846 2643383279

5028841971 6939937510 5820974944

5923078164 0628620899 8628034825

3421170679

国际单位制

定量测量是现代科学的基石。自从有记录的历史以来,度量衡制度就是在专用基础上发展起来的。与此不同,国际单位制(SI)是 1960 年第十一届计量大会通过的一种改进的和统一的公制度量标准。它是全世界所有科学领域使用的通用测量系统。

大数

中文名（0的数量）	英文名	中文名（0的数量）	英文名
千（3）	Thousand	涧（36）	ndecillion
百万（6）	Million	千涧（39）	Duodecillion
十亿（9）	Billion	百正（42）	Tredecillion
兆（12）	Trillion	十载（45）	Quattuordecillion
千兆（15）	Quadrillion	极（48）	Quindecillion
百京（18）	Quintillion	千极（51）	Sexdecillion
十垓（21）	Sextillion	百恒河沙（54）	Septendecillion
秭（24）	Septillion	十阿僧祇（57）	Octodecillion
千秭（27）	Octillion	那由他（60）	Novemdecillion
百穰（30）	Nonillion	古戈尔（100）	Googol
十沟（33）	Decillion	古戈尔普勒克斯（googol）	Googolplex

国际单位制的基本单位

整个国际单位制由七个基本单位构成，每个单位代表一个物理量，如下表所示。

量的名称	单位名称	单位符号
长度	米	m
质量	千克	kg
时间	秒	s
电流	安培	A
热力学温度	开尔文	K
物质的量	摩尔	mol
发光强度	坎德拉	cd

温度转换

在18世纪，丹尼尔·华伦海特发明了一种被气象学家用来测量地表温度的计量系统。这种计量系统的单位是华氏度（°F）。同在18世纪，第二个类似的温度计量系统也被开发出来，它的单位为摄氏度（℃）。之后，科学家又发明了第三种温度计量系统，它被称为开尔文温标（或热力学温标开氏温标）。

在华氏温标中，水的沸点为212°F，冰点为32°F。在摄氏温标中，水的沸点和冰点分别为100℃和0℃。开氏温标以绝对零度为起点，这是人们认为可能的最低温度。美国主要使用华氏温标；世界上其他绝大多数地方都使用摄氏温标。而科学家们要么使用摄氏温标，要么使用开氏温标。

将一种温标的数值转换成另一种温标的数值，可以使用下面的公式：

$$℃ = (°F - 32) \times \frac{5}{9}$$

$$°F = ℃ \times \frac{9}{5} + 32$$

$$K = ℃ + 273.15$$

式中 ℃——摄氏温度；

°F——华氏温度；

K——开氏温度。

温度计的刻度标记

开氏温度/K	摄氏温度/℃	华氏温度/°F
0	−273.15	−459.67
73.15	−200	−328
93.15	−180	−292
113.15	−160	−256
133.15	−140	−220
153.15	−120	−184
173.15	−100	−148
193.15	−80	−112
213.15	−60	−76
233.15	−40	−40
253.15	−20	−4
255.37	−17.78	0
273.15	0	32
278.15	5	41
283.15	10	50
288.15	15	59
293.15	20	68
298.15	25	77

（续）

开氏温度/K	摄氏温度/℃	华氏温度/°F
303.15	30	86
308.15	35	95
313.15	40	104
318.15	45	113
323.15	50	122
328.15	55	131
333.15	60	140
338.15	65	149
343.15	70	158
348.15	75	167
353.15	80	176
358.15	85	185
363.15	90	194
368.15	95	203
373.15	100	212

度量衡

长度

英制		公制
1 英寸（in）		2.54 厘米
1 英尺（ft）	12 英寸	0.3048 米
1 码（yd）	3 英尺	0.9144 米
1 英里（mi）	1760 码	1.6093 千米
1 海里（nmi）	2025.4 码	1.852 千米

公制		英制
1 毫米（mm）		0.03937 英寸
1 厘米（cm）	10 毫米	0.3937 英寸
1 米（m）	100 厘米	1.0936 码
1 千米（km）	1000 米	0.6214 英里

面积

英制		公制
1 平方英寸（in²）		6.4516 平方厘米
1 平方英尺（ft²）	144 平方英寸	0.0929 平方米
1 平方码（yd²）	9 平方英尺	0.8361 平方米
1 英亩（acre）	4840 平方码	4046.9 平方米
1 平方英里（mile²）	640 英亩	2.59 平方千米

公制		英制
1 平方厘米（cm²）	100 平方毫米	0.1550 平方英寸
1 平方米（m²）	10000 平方厘米	1.1960 平方码
1 公顷（ha）	10000 平方米	2.4711 英亩
1 平方千米（km²）	100 公顷	0.3861 平方英里

体积 / 容积

英制		公制
1 立方英寸（in³）		16.387 立方厘米
1 立方英尺（ft³）	1728 立方英寸	0.0283 立方米
1 液量盎司（fl oz）		28.413 毫升
1 品脱（pt）	20 液量盎司	0.5683 升
1 加仑（gal）	8 品脱	4.5461 升

公制		英制
1 立方厘米（cm³）		0.0610 立方英寸
1 立方分米（dm³）	1000 立方厘米	0.0353 立方英尺
1 立方米（m³）	1000 立方分米	1.3080 立方码
1 升（l）	1 立方分米	1.76 品脱
1 公石（hl）	100 升	21.997 加仑

美制（US）	英制（UK）	公制
1 液量盎司	1.0408 液量盎司	29.574 毫升
1 品脱（16 液量盎司）	0.8327 品脱	0.4732 升
1 加仑	0.8327 加仑	3.7854 升

质量

英制（常衡制）		公制
1 盎司（oz）	437.5 格令	28.35 克
1 英磅（lb）	16 盎司	0.4536 千克
1 英石（st）	14 英磅	6.3503 千克
1 英担（cwt）	112 英磅	50.802 千克
1 英吨（lt）	20 英担	1.016 吨

公制		英制（常衡制）
1 毫克（mg）		0.0154 格令
1 克（g）	1000 毫克	0.0353 盎司
1 千克（kg）	1000 克	2.2046 英磅
1 吨（t）	1000 千克	0.9842 英吨

时间

太阴月	周	天	时	分	秒
				1	60
			1	60	3600
		1	24	1440	86400
	1	7	168	10080	604800
1	4	28	672	40320	2419200

平恒星日

以某一特定恒星（除太阳以外）为参考，地球绕地轴自转一周的时间，即 23 小时 56 分 4 秒。

平太阳日

以太阳为参考，地球绕地轴自转一周的时间，即 24 小时。

年

地球围绕太阳公转一周所用的时间为 365 天 5 小时 48 分 45 秒，因此天文历法中的一年通常是 365 天。闰年为 366 天，用于处理积累的盈余时间。

闰年

闰年是可以被 4 整除而不能被 100 整除，或者能被 400 整除的年份。

酒精含量检测系统

美国和英国的酒精含量检测系统很容易让人回想起那个特殊的年代,由于当时技术的缺乏,测量一种饮料的酒精含量(酒度)要比现在困难得多。在那之后,美国所使用的系统被标准化,成为一种按体积百分比计算酒精含量的系统,其中100酒精纯度被定义为酒精含量为50%的酒(纯酒精为200酒精纯度)。因此,要把美国的酒度计量单位换算成我们常用的酒精体积百分比计量单位,只要把它减半就行了。英国的酒精含量检测系统(赛克斯系统)则要复杂得多,因此很快它就被盖·吕萨克系统(标准酒度)取代。在使用盖·吕萨克系统的酒瓶上,我们很容易在酒瓶上找到表示酒精含量的数字,例如40°(这意味着按体积百分比计算,这瓶酒的酒精含量是40%)。

三种酒度的换算关系为:

标准酒度 $\times 1.75 =$ 英制酒度

标准酒度 $\times 2 =$ 美制酒度

英制酒度 $\times \dfrac{8}{7} =$ 美制酒度

标准酒度	美制酒度	英制酒度
100(纯酒精)	200	175
77.5	155	135.6
75	150	131.3
60	120	105

（续）

标准酒度	美制酒度	英制酒度
57.14	114.29	100
52.5	105	91.9
50	100	87.5
48	96	84
45	90	78.7
43	86	75.2
40	80	70
37.1	74.3	65
28.6	57.1	50
22.9	45.7	40
0（水）	0（水）	0（水）

小知识 酒精的"酒度"一词可以追溯到17世纪。人们需要用一种方法来判断他们购买的酒的酒精含量是否达标。这种方法是将酒精与火枪的火药混合，然后看燃烧的效果。如果酒精含量足够高，火药粉末仍然可以燃烧，人们就说酒"合格"——有证据表明它含有足够的酒精使火药仍可以被燃烧。如果混合的火药粉末不只是简单地燃烧而是爆炸了，那么酒精就被认为是"过度合格"了（含量超标）。

巨无霸指数

巨无霸指数是由《经济学人》杂志发明的,用来计算货币相对于美元的汇率在理论上是否合理,其依据是看在不同的地方用同样的钱可以买到什么东西(这里的钱是美元——国际经济的基本单位)。与简单地根据官方汇率转换价格相比,这是比较当地物价的一种更好的方法。除此以外,这种方法还能很好地衡量一种货币相对于美元是被高估还是低估了。

该指数使用巨无霸汉堡的价格,因为它是一种日常商品,在世界上118个国家几乎按照完全相同的配方制作。根据当前的汇率,各国巨无霸的价格被转换成美元,然后可以与美国巨无霸的价格进行比较。

各个国家的货币

国家	货币	ISO 代码
阿根廷	阿根廷比索	ARS
澳大利亚	澳元	AUD
奥地利	欧元	EUR
孟加拉国	塔卡	BDT
比利时	欧元	EUR
巴西	巴西雷亚尔	BRL
加拿大	加拿大元	CAD
中国	人民币	CNY

（续）

国家	货币	ISO 代码
古巴	古巴比索	CUP
捷克	捷克克朗	CZK
丹麦	丹麦克朗	DKK
埃及	埃及镑	EGP
芬兰	欧元	EUR
法国	欧元	EUR
德国	欧元	EUR
希腊	欧元	EUR
匈牙利	福林	HUF
印度	印度卢比	INR
印度尼西亚	印尼盾	IDR
伊朗	伊朗里亚尔⊖	IRR
伊拉克	伊拉克第纳尔	IQD
爱尔兰	欧元	EUR
以色列	以色列辛克尔	ILS
意大利	欧元	EUR
日本	日元	JPY
肯尼亚	肯尼亚先令	KES
韩国	韩元	KRW
利比亚	利比亚第纳尔	LYD
马来西亚	马来西亚林吉特	MYR
墨西哥	墨西哥比索	MXN

⊖ 2020 年 5 月，伊朗官方货币由里亚尔变更为土曼。——译者注

（续）

国家	货币	ISO 代码
摩洛哥	摩洛哥迪拉姆	MAD
荷兰	欧元	EUR
新西兰	新西兰元	NZD
尼日利亚	奈拉	NGN
挪威	挪威克朗	NOK
巴基斯坦	巴基斯坦卢比	PKR
菲律宾	菲律宾比索	PHP
波兰	兹罗提	PLN
葡萄牙	欧元	EUR
俄罗斯	俄罗斯卢布	RUR
沙特阿拉伯	沙特里亚尔	SAR
新加坡	新加坡元	SGD
南非	兰特	ZAR
西班牙	欧元	EUR
瑞典	瑞典克朗	SEK
瑞士	瑞士法郎	CHF
叙利亚	叙利亚镑	SYP
泰国	铢	THB
土耳其	土耳其里拉	TRL
乌克兰	格里夫纳	UAH
英国	英镑	GBP
美国	美元	USS

指南针

地球就像一块巨大的磁铁,地磁场分为南北两极。指南针上的指针被地磁场牵引,指向地磁北极。按照惯例,基本方位测量值由北偏向东增长,即北是 0°,东是 90°,南是 180°,西是 270°。

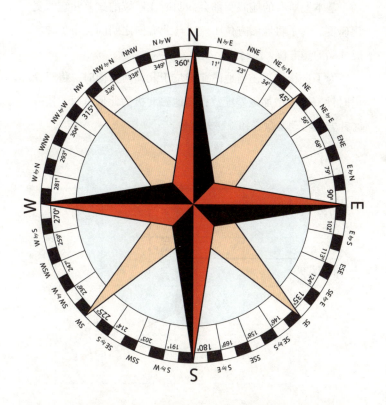

地磁北极点和真正的北极点

北极点是地球上最北的地理点，它和地磁北极点（指南针指向的北方）是两个不同的地点。这种差异被称为磁偏角或磁差。导航员必须对他们的罗盘读数进行校正，才能把他们的方位转换到航海图上。由于地磁北极点的位置在缓慢地变化，所以某一地区的磁差也每年都在变化。

基本上所有的航海图都会标明所在区域的磁差和它的变化速度。为了将地图方位（航线与北方向之间的夹角）转换成准确的磁方位，航行时必须知道磁差。

为了进行校正，当地磁北极位于北偏西方向时，将罗盘逆时针旋转以增加磁差度数；当地磁北极为北偏东时，按顺时针方向转动罗盘，扣除磁差度数。

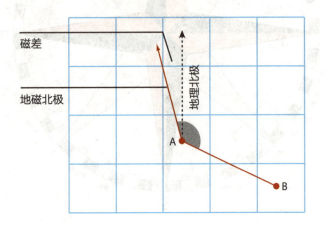

旗语和电码

莫尔斯电码

这个国际公认的电码由点（·）和划（-）两种符号组成，用来表示字母和数字，1838 年由塞缪尔·莫尔斯发明（尚存争议），莫尔斯同时也是电报的发明者。电码中，划是一个点的三倍长。不同电码符号间由一个空格隔开，空格的宽度和点的宽度一样，字符（字母、数字）之间的间隔是三个点的宽度，单词之间的间隔为七个点的宽度。

以下是完整的莫尔斯电码：

A	·-	J	·---	S	···	1	·----
B	-···	K	-·-	T	-	2	··---
C	-·-·	L	·-··	U	··-	3	···--
D	-··	M	--	V	···-	4	····-
E	·	N	-·	W	·--	5	·····
F	··-·	O	---	X	-··-	6	-····
G	--·	P	·--·	Y	-·--	7	--···
H	····	Q	--·-	Z	--··	8	---··
I	··	R	·-·	0	-----	9	----·

旗语信号

旗语信号受到侦察和先遣部队的青睐，这种信号使用手持旗子（或灯光）来在两个人之间传递信息。1794 年，法国人克劳德·查普发明了信号，它通过手臂的转动和两面旗子的相对位置表示字母和数字。

信号的发送以 V.O.X. 或 V.E. 两字开头，或悬挂国际信号旗。然后，信号员等待从接收方反馈的"继续"信号，获得肯定回答后，信号员开始发送后续内容。

旗语信号如下：

常用知识

无线电术语和国际信号旗的含义

字母	无线电术语	旗帜	代表含义
A	Alpha		潜水员在水下工作,请远离我船并慢速行驶
B	Bravo		我船正在装卸爆炸物
C	Charlie		是
D	Delta		请远离,我们遇到了机动障碍
E	Echo		我船正在向右转向或表示船员正在用餐
F	Foxtrot		我船出现故障,请与我通信
G	Golf		我船需要领航员
H	Hotel		我船上有领航员

(续)

字母	无线电术语	旗帜	代表含义
I	India		我船正在向左转向
J	Juliet		我船失火,并载有危险品,请远离
K	Kilo		我船愿与贵船通信
L	Lima		请立即停船
M	Mike		我船已完全停下
N	November		不是
O	Oscar		有人落水
P	Papa		在港内表示本船即将离港,所有船员应返船;出航时由渔船使用时表示渔网缠在了障碍物上
Q	Quebec		我船未经过检疫,请求签发检疫证

（续）

字母	无线电术语	旗帜	代表含义
R	Romeo		我船已经停止前进，请小心经过
S	Sierra		我船正在向后退
T	Tango		正在进行双船对拖作业，请远离
U	Uniform		贵船可能会遇到危险
V	Victor		我船需要援助
W	Whisky		我船需要医疗援助
X	X-ray		请贵船终止一切企图并留意我船信息
Y	Yankee		我船正在走锚
Z	Zulu		需要拖船

紧急信号

海上使用的紧急信号

下列信号表示海上有紧急情况且需要协助:

1. 发出红色亮光的降落伞烟火信号或手持烟火信号。
2. 间隔性发射红色亮光的火箭信号弹。
3. 发出大量橙色烟雾的烟雾信号。
4. 通过无线电信号用莫尔斯电码组成SOS或口语单词MAYDAY(除非危及生命的紧急情况,否则尽量不要使用这个)。
5. 慢慢地反复举起和放下手臂。
6. 连续不断的汽笛或警报声(三次为一组,以此与地面信号区分开)。
7. 船上的火焰(例如,油布燃烧产生的火焰)。
8. 悬挂国际信号旗NC(我遇险,需要立即援助)。
9. 悬挂着的方形旗子,并在旗子上方或下方悬挂着一个球(或类似球的东西)。
10. 倒挂着的旗帜。
11. 船桨或桅杆上的外套或衣服。

徒步远足使用的紧急信号

如果你在远足或在其他情况下遇到困难,以下信号表示你需要帮助:

1. 三角形——由三个火堆或反光/可见材料制成。

2. 在地面上用木棍或树枝拼出的识别信号有：
SOS或HELP（一般性求助）

　　I—有人受伤了。

　　X—无法继续前进。

　　F—需要食物和水。

3. 闪烁的反光镜——三次闪烁为一组。

4. 哨声——三个为一组。

5. 大声敲击石头或棍子，三次为一组。

表情符号

手机短信中使用的表情符号和缩写如下：

表情符号	意义
:-)	高兴
:-))	非常高兴
:-(	难过
:-((	非常难过
:'-(	哭泣
:-*	吻
;-)	挑眉
:-O	哇哦！
:-x	不想说话

缩写	意义
S/o	某个人
RUOK	你还好吗？
RUBZ	你现在忙吗？
Thx	谢谢
CUL8R	一会儿见
IMS	抱歉，对不起
ILUVU	我爱你
PLS	请
XLNT	优秀，太棒了

国际手语

每个国家都有自己的手语。为了设计一种通用的手语——相当于世界语的手语，世界聋人联合会在1951年提出了创造一种国际手语（ISL）的想法，当时它被暂时命名为Gestuno。该项目从1973年开始，多年来，通过借鉴各个国家的手语，国际手语得以不断完善。

国际手语是有局限性的，它没有正规的语法，只广泛用于国际听障联盟会议或听障奥运会。更普遍使用的是英国手语指法拼写字母表，它允许使用者一个字母一个字母地拼写单词。

手语字母表

A	J	S	2
B	K	T	3
C	L	U	4
D	M	V	5
E	N	W	6
F	O	X	7
G	P	Y	8
H	Q	Z	9
I	R	1	10

罗马数字

罗马数字通常被用来表示钟面上的时间。一般情况下，把所有符号代表的数值加在一起就得到了总的数值。但是当一个表示较低数值的符号出现在较高数值的符号前面时，较低的数值就会被减去而不是加上。例如，V1是5（V）+1（I）=6，而IV是5（V）–1（I）=4。

阿拉伯数字	罗马数字	阿拉伯数字	罗马数字
1	I	40	XL
2	II	45	VL
3	III	50	L
4	IV	80	LXXX
5	V	90	XC
6	VI	100	C
7	VII	400	CD
8	VIII	500	D
9	IX	800	DCCC
10	X	1000	M

中国数字

这些文字是用来表示基本数字的。对于其他数字，你需要将它们合并起来。例如，15是十五，25是二十五，50是五十。

数字	文字	数字	文字
1	一	9	九
2	二	10	十
3	三	100	百
4	四	1000	千
5	五	10000	万
6	六	1000000（million）	百万
7	七	100000000（one hundred million）	亿
8	八	1000000000（billion）	十亿

希腊数字

	×1	×10	×100
1	A（alpha）	I（iota）	P（rho）
2	B（beta）	K（kappa）	Σ（sigma）
3	Γ（gamma）	Λ（lambda）	T（tau）
4	Δ（delta）	M（mu）	Υ（upsilon）
5	E（epsilon）	N（nu）	Φ（phi）
6	Ϛ（digamma）	Ξ（xi）	X（chi）
7	Z（zeta）	O（omicron）	Ψ（psi）
8	H（eta）	Π（pi）	Ω（omega）
9	Θ（theta）	ϙ（koppa）	ϡ（sampi）

希腊字母

希腊字母在科学领域中经常被使用,尤其是在数学上,使用更为广泛。"字母表"(a'phabet)这个词本身就是由前两个希腊字母 α("Alpha")和 β("Beta")合成的。

大写	小写	英文
A	α	Alpha
B	β	Beta
Γ	γ	Gamma
Δ	δ	Delta
E	ε	Epsilon
Z	ζ	Zeta
H	η	Eta
Θ	θ	Theta
I	ι	Iota
K	κ	Kappa
Λ	λ	Lambda
M	μ	Mu
N	ν	Nu
Ξ	ξ	Xi
O	o	Omicron
Π	π	Pi
P	ρ	Rho

(续)

大写	小写	英文
Σ	σ	Sigma
T	τ	Tau
Υ	υ	Upsilon
Φ	φ	Phi
X	χ	Chi
Ψ	ψ	Psi
Ω	ω	Omega

世界各国的新年

中国新年（春节）

中国农历新年的时间是由月亮的周期（阴历）决定的。它一般在1月21日至2月19日这段时间内。每年都以一种具有象征意义的动物命名，依次是：鼠年、牛年、虎年、兔年、龙年、蛇年、马年、羊年、猴年、鸡年、狗年和猪年。

印度教新年（排灯节）

排灯节（Diwali）从每年印度旧历的最后一天（相当于公历十月前后的某一天）开始，是一个为期5天的印度教节日。"Diwali"是对梵语"Deepavali"的一种变形——Deepa的意思是光，Avali的意思是一行。节日期间家家户户灯火通明，欢迎拉克希米——财富和繁荣的女神。排灯节的第四天被视为新年的开始。

伊斯兰教新年

希吉来历法是以月亮的周期为基础的。穆哈兰姆月是穆斯林年的第一个月,也是全年第一个圣月,它的第一天被当作希吉来历法上的新年。人们在清真寺通过安静、特殊的祈祷来庆祝新年。伊斯兰教新年最重要的部分就是讲述穆罕默德从麦加迁徙到麦地那的故事。

犹太新年

犹太新年在希伯来语中是"一年的开始"的意思,在犹太的提市黎月(犹太教历7月,公历的9月或10月)的第一天和第二天庆祝。羊角号会在仪式中被吹响,用以纪念亚伯拉罕将以撒献给上帝的虔诚。

西方的新年

在中世纪,儒略历把新年定在3月25日。随着1582年公历的引入,日期逐渐改为1月1日。人们常在午夜时分合唱《友谊地久天长》(苏格兰传统歌曲)。